AF203123

Dagmar Lück-Schneider / Florian T. Furtak (Hrsg.)

Attraktivität der Ausbildung für den Öffentlichen Dienst

– Studieninhalte, Fachkräftebedarf und Karrierewege –

Redebeiträge und Thesen des 27. Glienicker Gesprächs

© 2016 Dagmar Lück-Schneider / Florian T. Furtak (Hrsg.)
Beiträge aus dem Fachbereich Allgemeine Verwaltung
Nr. 26/2016
Herausgeber der Reihe: Dekan Fachbereich Allgemeine Verwaltung

Verlag: tredition GmbH, Hamburg
ISBN: 978-3-7345-5337-0 (Paperback)
Printed in Germany

Inhaltsverzeichnis

Keynote

Andreas Statzkowski

Staatssekretär
Senatsverwaltung für Inneres und Sport Berlin

Es gilt das gesprochene Wort!

Sehr geehrter Herr Prof. Dr. Zaby,

sehr geehrte Frau Prof. Dr. Lück-Schneider,

sehr geehrter Herr Prof. Dr. Furtak,

sehr geehrte Damen und Herren,

ich begrüße Sie sehr herzlich auf dem Campus Lichtenberg der Hochschule für Wirtschaft und Recht Berlin und freue mich, dass Sie so zahlreich den Weg hierher gefunden haben, um sich in den kommenden Tagen über die Attraktivität der Ausbildung für den Öffentlichen Dienst auszutauschen.

Als für das landesweite Personal- und Organisationsmanagement zuständiger Staatssekretär der Senatsverwaltung für Inneres und Sport Berlin habe ich bereits von Amts wegen einen besonderen Zugang zu dem Thema des diesjährigen Glienicker Gesprächs.

Aber unabhängig davon bewegt mich das Thema aus der tiefen inneren Überzeugung, dass die Berliner Verwaltung nur dann die enormen Herausforderungen für die Gestaltung einer wachsenden Metropole im Herzen Europas meistern wird, wenn es gelingt, in ausreichendem Maße Menschen für eine Tätigkeit im öffentlichen Dienst zu begeistern.

Deshalb danke ich dem Veranstalter dafür, mit einer „Keynote" gewissermaßen das Gespräch zu eröffnen.

Bereits im November 2014 stand ich anlässlich des 25. Glienicker Gesprächs vor Ihnen und habe einen Rückblick und Ausblick geben dürfen. Schon zu diesem Zeitpunkt wurde von der Vergreisung" der Verwaltung gesprochen sowie vor den Folgen fehlender Nachwuchskräfte und damit einhergehend einer Abnahme der Innovationsfähigkeit gewarnt.

Auch dass der Kreis potenzieller junger Nachwuchskräfte aufgrund niedriger Geburtenraten der letzten zwanzig Jahre stetig kleiner geworden ist, war bereits Thema der Diskussionen. Einer aktiven, vorausschauenden Personalentwicklung wurde eine zunehmend größere Bedeutung zugemessen. Die Anforderungen an das Personalmanagement des Landes Berlin sind seitdem sogar noch weiter gestiegen.

Der Berliner Senat hat sich im Januar 2015 und erneut im Januar 2016 in Klausurtagungen unter anderem mit dieser Problematik beschäftigt und deutlich herausgearbeitet, dass nicht nur die Erfordernisse der wachsenden Stadt und des demographischen Wandels, sondern auch die in diesem Ausmaß nicht vorhersehbare Dynamik der Zuwanderung von Flüchtlingen verstärkte Anstrengungen bei der Gewinnung und Bindung von geeignetem Personal für den gesamten Berliner Landesdienst erfordern.

Und das gilt nicht nur in Berlin, sondern bundesweit!

Das diesjährige Thema des Glienicker Gesprächs lautet „Attraktivität der Ausbildung für den Öffentlichen Dienst". Was bedeutet eigentlich Attraktivität? Attraktivität leitet sich aus dem Lateinischen her: „attrahere" heißt „an sich ziehen oder anziehen".

Übertragen auf die Ausbildung im Öffentlichen Dienst stellt sich die Frage: Wie anziehend sind wir für den dringend benötigten Nachwuchs? Was können wir bieten an sinnstiftenden Arbeitsinhalten und beruflichen Entwicklungsperspektiven, die zugleich vereinbar sind mit privaten Lebensentwürfen? Wie steht es mit einer attraktiven Bezahlung?

Mit diesen Fragen beschäftigen wir uns gemeinsam mit anderen schon eine ganze Weile. Stichworte wie Arbeitgebermarke und e-Recruiting sowie Vereinbarkeit von Familie und Beruf oder allgemeiner: Private und berufliche Lebensführung sind in diesem Zusammenhang zu nennen.

Zur Attraktivität gehört aber auch – ich sagte es bereits – Sinnstiftung und materielle Absicherung: In Auswahlgesprächen hören wir immer wieder, dass der öffentliche Dienst vor allem bei Bewerbungen mit Berufserfahrung aus der privaten Wirtschaft mit seinem Profil als Gestalter des Gemeinwohls im Dienst für alle Bürgerinnen und Bürger bei fairen Arbeitsbedingungen punkten kann.

Deshalb ist unter dem Gesichtspunkt der Personalgewinnung mit dem Ziel der frühzeitigen und langfristigen Bindung motivierten und qualifizierten Personals das Thema des diesjährigen Glienicker Gesprächs von besonderer Bedeutung: wie gelingt es uns, bereits die Ausbildung für den öffentlichen Dienst so attraktiv zu gestalten, dass sie für die am besten geeigneten Menschen so anziehend ist, dass sie auch später bei uns bleiben wollen?

Für die gehobene Funktionsebene leistet diese Hochschule seit vielen Jahren ihren besonderen Beitrag, nicht nur für den allgemeinen nichttechnischen Verwaltungsdienst, sondern auch für den Polizeivollzugsdienst. Beide folgen unterschiedlichen Konzepten. Hier ist unter anderem die Diskussion zu externen oder internen Studiengängen zu führen.

Ist für den allgemeinen nichttechnischen Verwaltungsdienst die Rückkehr zu dualen Studiengängen im Vorbereitungsdienst, also bereits im Beamtenverhältnis, - so wie wir es seit jeher für den Polizeivollzugsdienst der gehobenen Funktionsebene kennen - sinnvoll oder sogar geboten?

Viele Fragen und Themenfelder eröffnen sich, die in den kommenden Tagen behandelt werden sollen.

Vor zwanzig Jahren diskutierten wir die Notwendigkeit, Beamte zu Managern zu entwickeln. Ein Ergebnis war in organisatorischer Hinsicht die Externalisierung des damaligen Studienganges „öffentliche Verwaltungswirtschaft". Inhaltlich ging es um die Öffnung des Studiums für den gesamten Dienstleistungssektor mit dem Schwerpunktbereich „öffentlicher Dienst" und die Erweiterung der Studieninhalte um Aspekte des „Public Management". Die Erfahrungen zeigen, dass diese Öffnung und Erweiterung der Weiterentwicklung jedenfalls der Berliner Verwaltung gut getan haben.

Nun kommt es darauf an, den neuen Herausforderungen des demografischen Wandels und der Veränderungen in der Lebens- und Wertewelt der nachfolgenden Generationen Rechnung zu tragen.

Welche Bedürfnisse hat die „Generation Y" und folgende, die bunter im Hinblick auf die Vielfalt ihrer Biografien und individuellen Lebensentwürfe geworden ist und um die der Öffentliche Dienst werben muss? Wie können wir sie erreichen und an den Öffentlichen Dienst mit seinen komplexen, politisch bestimmten Anforderungen binden?

Hier lohnt sich auch ein Blick auf den Dialog „Arbeiten 4.0", den das Bundesministerium für Arbeit und Soziales im April 2015 gestartet hat, um über die Zukunft der Arbeit zu diskutieren. „Den Wandel der Arbeitswelt auch im Sinne der Menschen zu gestalten, setzt eine genaue Kenntnis der Wünsche und Ansprüche voraus – dies gilt für Unternehmen, Sozialpartner und die Politik."

Die zu der Thematik durchgeführte Studie „Wertewelten Arbeiten 4.0" wurde im März 2016 veröffentlicht und kommt zu dem Ergebnis, dass es gesellschaftlich nicht der einen Lösung bedarf, sondern pluraler Angebote, die den vielfältigen Bedürfnissen und Ansprüchen gerecht werden.

An Denkanstößen mangelt es folglich nicht. „Die Zukunft gehört denen, die nicht stehenbleiben." So liest es sich bei Hewlett Packard. Und stehenbleiben möchte und sollte der Öffentliche Dienst insbesondere im Bereich der Ausbildung nicht.

Am 13. Januar 2016 hat der Berliner Senat getagt und sein 11-Punkte-Programm für ein nachhaltiges Personalmanagement in der Berliner Verwaltung aus 2015 weiterentwickelt. Unter anderem wurde und wird die Zahl der Auszubildenden, der beamteten Nachwuchskräfte und der Trainees deutlich aufgestockt.

Jedoch reicht die Bereitstellung von Ausbildungsplätzen und Stellen allein nicht aus, um dafür im gleichen Umfang qualifizierte Menschen zu gewinnen und zu halten. Welche Zielgruppen möchten wir ansprechen und wie sehen ihre Bedürfnisse aus? Die Zielgruppe für eine Erstausbildung im Öffentlichen Dienst stellt vorrangig die sogenannte „Generation Y" dar, die etwa zwischen 1980 bis 1999 geboren wurden.

In der Wissenschaft ist die Einteilung nicht unumstritten. Von den Vertreterinnen und Vertretern dieser soziologischen Zuordnung wird der Generation eine hohe Technologieaffinität zugeschrieben, denn sie ist mit Internet und mobiler Kommunikation aufgewachsen, die sogenannten „Digital Natives". Die Digitalisierung hat die Bedürfnisse der Menschen verändert. Sie sind gewohnt, in kürzester Zeit über ein großes Angebot an Informationen zu verfügen. Der Austausch im Internet und in Sozialen Netzwerken prägt ihre Persönlichkeit. Eine gute Bildung und Ausbildung ist der Generation Y wichtig. Sie verwehrt sich jedoch gegen starre Rahmenbedingungen wie Hierarchien und möchte eher flexibel in virtuellen Teams arbeiten. Das Improvisieren fällt ihr leicht. Eine gute Work-Life-Balance und gleichberechtigte Familienmodelle sind von hoher Bedeutung für die jungen Menschen der Generation Y, die auch gerne die Sinnhaftigkeit von Regelungen hinterfragen, englisch „Generation Why", in der Übersetzung „Warum". Bedeuten kann es jedoch auch „Warum nicht?".

Diese Generation hat entsprechende Bedürfnisse, die den Öffentlichen Dienst vor eine große Herausforderung stellen. Verstaubte Amtsstuben und lange Entscheidungswege locken diese jungen Menschen nicht, sondern halten sie eher davon ab, ihr zukünftiges Berufsleben im Öffentlichen Dienst zu starten.

Jedoch sind nach einer Studentenstudie 2014 der Wirtschaftsprüfungsgesellschaft Ernst & Young der Öffentliche Dienst und der Wissenschaftsbereich die beliebtesten Branchen bei 4.300 Studentinnen und Studenten Deutschlands, die in einer Online-Befragung befragt wurden. Jeder dritte Student möchte danach gerne zu „Vater Staat". Der Öffentliche Dienst scheint also auch für die Generation Y attraktiv zu sein.

In den letzten Jahren hat sich im Bereich der Ausbildung des Öffentlichen Dienstes qualitativ und quantitativ Einiges getan. Was haben wir schon geschafft? In 2015 konnte die Anzahl der unbefristeten Übernahmen von Auszubildenden in Hauptverwaltung und Bezirken im Vergleich zum Vorjahr mehr als verdoppelt werden.

Im Jahr 2016 wird erstmals ein Traineeprogramm für Bachelor-Absolventinnen und -Absolventen in der Entgeltgruppe 9 angeboten, nach dessen Abschluss die Laufbahnbefähigung anerkannt werden soll.

In 2016 sollen insgesamt 375 Nachwuchskräfte für die allgemeine Verwaltung für das Land Berlin eingestellt werden, davon

- in der mittleren Funktionsebene: 80 vergleichbar der Laufbahngruppe 1 als Auszubildende im Tarifbereich,

- in der gehobenen Funktionsebene: 200 in der Laufbahngruppe 2, erstes Einstiegsamt bzw. Trainees zur Erlangung der Laufbahnbefähigung,

- in der höheren Funktionsebene: 95 in der Laufbahngruppe 2, zweites Einstiegsamt bzw.

- Trainees zur Erlangung der Laufbahnbefähigung.

Stellenwirtschaftlich ist damit ein guter Rahmen geschaffen, der nun ausgefüllt werden muss.

Hierbei besteht die Herausforderung, wie qualifizierte Bewerberinnen und Bewerber dazu motiviert werden, in den Öffentlichen Dienst zu streben und sich dauerhaft an ihn zu binden.

Die Antwort liegt hierbei klar in einer nachhaltigen „Arbeitgeberattraktivität", die nicht nur so nach außen kommuniziert werden muss, sondern in der gelebten und erlebten Verwaltungskultur ihre Wirksamkeit entfaltet und entsprechend wahrgenommen wird.

Berlin hat hier in den letzten Jahren große Anstrengungen unternommen und braucht mittlerweile den Vergleich mit anderen Arbeitgebern nicht zu scheuen. Im Gegenteil! Der Öffentliche Dienst ist für viele Menschen - gerade für die jüngeren – sehr attraktiv. Das bestätigen auch verschiedene Studien.

Gemeinwohlorientierung, Jobsicherheit, die Vereinbarkeit von Beruf und Familie, flexible Arbeitszeitmodelle, eine solide Vergütung sowie gute Karriereperspektiven gerade für junge Fachkräfte, das sind die schlagkräftigen Argumente des Öffentlichen Dienstes.

In diesem Zusammenhang ist eine adressatengerechte Kommunikation von besonderer Bedeutung. Denn was bringen uns die oben skizzierten Vorteile, wenn Sie von der Zielgruppe nicht richtig wahrgenommen werden? Berlin hat hier seine Hausaufgaben gemacht! Eine Arbeitgebermarke Land Berlin mit dem Slogan „Hauptstadt machen" wurde kürzlich von einer behördenübergreifenden Arbeitsgruppe entwickelt und eingeführt. Mit der Einführung der Arbeitgebermarke „Hauptstadt Machen" wird der Senat seine Aktivitäten im Bereich Personalgewinnung konsequent weiter vorantreiben. Die neue Arbeitgebermarke soll künftig von allen Einstellungsbehörden genutzt werden, um das Personalmarketing zu vereinheitlichen und so den Wiedererkennungswert und das Image der Berliner Verwaltung als attraktive Arbeitgeberin zu erhöhen. Zur verbesserten Koordination der übergreifenden Personalgewinnung wurde in diesem Zusammenhang auch eine Landesarbeitsgemeinschaft Personalmarketing gegründet. Das Einsatzspektrum der Arbeitgebermarke reicht hierbei von Broschüren, Plakaten und Stellenanzeigen bis hin zu Online-Angeboten.

Apropos Onlineangebote: Im Zusammenhang mit der Arbeitgebermarke erfolgte ebenfalls die grundhafte Neugestaltung des Karriereportals der Berliner Verwaltung. In seiner überarbeiteten Form wird das Karriereportal in seiner Funktion als zentrale Informations- und Stellenplattform für alle Zielgruppen optimal gerecht werden. Neben allen relevanten Informationen zu den vielfältigen Einstiegs- und Karrieremöglichkeiten, können sich Bewerberinnen und Bewerber über ein integriertes E-Recruiting-System noch einfacher auf Stellen bewerben.

Stichwort „E-Recruiting-System": Das Image einer Verwaltung, als moderner und attraktiver Arbeitgeber, hängt auch davon ab, ob zeitgemäße Bewerbungs- und Stellenbesetzungsfahren eingesetzt werden. Die wenigsten Fachkräfte wollen heutzutage noch umfangreiche Papierbewerbungen abgeben.

Berlin hat auch hier reagiert und 2015 mit der landesweiten Einführung eines einheitlichen E-Recruiting-Systems zur Optimierung der Einstellungsprozesse begonnen. Die Praxis bestätigt mittlerweile die Richtigkeit dieser Entscheidung.

Die Behörden, die bereits das E-Recruiting-System einsetzen, konnten Stellenbesetzungen wesentlich effizienter durchführen: Angefangen von der Stellenausschreibung über die Bewerbungsannahme, die Bewerbenden-Kommunikation und das Datenmanagement bis hin zu den Abstimmungs- und Beteiligungsverfahren, können Stellenbesetzungsverfahren medienbruchfrei durchgeführt werden. Das erspart nicht nur wertvolle Zeit, sondern auch unsinnige Papierschlachten. Zudem ist das Verfahren äußerst zeitgemäß, da es auf Online-Bewerbungen ausgerichtet ist. Die Berliner-Verwaltung verfügt damit über ein zeitgemäßes und servicefreundliches Instrumentarium, das den Vergleich nicht zu scheuen braucht.

Was gilt es, noch umzusetzen?

Zum Studium an der HWR: Für den laufbahnbezogenen Studiengang „Öffentliche Verwaltung" an der Hochschule für Wirtschaft und Recht Berlin streben wir gemeinsam mit der HWR an, die Anzahl der Studienplätze um 40 auf insgesamt 160 Plätze ab dem Wintersemester 2016 zu erhöhen, um den beabsichtigen Einstellungszahlen Rechnung zu tragen. Auch wird geprüft, wie dieser Studiengang der HWR unter Einbeziehung der laufbahnrechtlichen Vorgaben durch ein „Duales Studium HWR/ Senatsverwaltung für Inneres und Sport" ergänzt werden kann. Die Verknüpfung von akademischem Wissen und praktischer Berufserfahrung durch das duale Studium führt gerade an einer anwendungsorientierten „University of applied sciences" zu einer hohen Berufsfähigkeit der Absolventinnen und Absolventen. In diesem Zusammenhang wird diskutiert, ob die Wiedereinführung des Vorbereitungsdienstes für den allgemeinen Verwaltungsdienst zielführend sein kann.

Erfahrungen aus dem gehobenen Polizeivollzugsdienst der Polizei Berlin, der einen weiteren großen Studienbereich für den öffentlichen Dienst an der HWR im Fachbereich 5 – Polizei und Sicherheitsmanagement – stellt, finden dabei Berücksichtigung. Derzeit sind das dort rund 950 Studierende.

Anders als bei dem allgemeinen Verwaltungsdienst wurde im Polizeivollzugsdienst der Doppelstatus als Studierende und gleichzeitig Beamte auf Widerruf – übrigens eine über viele Jahrzehnte bereits erprobte Variante des „dualen Studiums" – nicht aufgegeben.

Dadurch konnten mehrere wesentliche Vorteile bewahrt werden:

- Erstens ist ein strenges Auswahlverfahren der Polizei Berlin vorgeschaltet, wodurch für praktisch alle Absolventen eine Übernahme in den Polizeivollzugsdienst gesichert ist.

- Zweitens wird die Verzahnung des Studiums zwischen HWR und Polizei durch den Doppelstatus in besonderer Weise gefördert: Die HWR fühlt sich für die Nachwuchskräfte des Polizeivollzugsdienstes als ihre eigenen Studierenden verantwortlich, die Polizei ebenso für ihre Anwärterinnen und Anwärter.

- Drittens können sich die Studierenden durch die finanzielle Absicherung aufgrund der Anwärterbezüge voll auf ihr Studium konzentrieren, das dadurch besonders kompakt gestaltet werden kann.

Insgesamt gesehen ist dieses seit vielen Jahren bewährte Studienmodell im Doppelstatus inzwischen ein Zukunftsmodell, das für andere Studiengänge der Nachwuchskräfte des öffentlichen Dienstes als Vorbild dienen kann.

Auch hier ist anzuraten, nicht alles auf eine Karte zu setzen. Zielführender ist sicherlich, das Angebot im Sinne der Attraktivität breit zu fächern, frei nach dem Motto: Das Eine tun, ohne das Andere zu lassen. Auf diese Weise können Bewerberinnen und Bewerber mit unterschiedlichen Interessenslagen und Zukunftsvorstellungen angesprochen werden.

Für die mittlere Funktionsebene strebt das Land Berlin an, die Ausbildung für die Laufbahngruppe 1 des allgemeinen Verwaltungsdienstes, den ehemaligen mittleren Dienst, für beamtete Nachwuchskräfte wieder einzuführen. Dabei sind Ausbildungsinhalte und Organisation den Entwicklungen der letzten Jahre anzupassen. Die Anforderungen an die mittlere Funktionsebene unterliegen ebenso dem Wandel der Zeit wie die der gehobenen und höheren Funktionsebene.

Die Attraktivität des Öffentlichen Dienstes wird weiterhin beeinflusst durch den Ausbau und die Weiterentwicklung der Führungskräfteentwicklung, die Fortführung und Ausweitung des Wissensmanagements, die Optimierung und Beschleunigung von Stellenbesetzungsverfahren und natürlich durch Perspektiven zum Abbau des Besoldungsabstandes. Hier hat der Berliner Besoldungsgesetzgeber entsprechende Festlegungen getroffen.

Verlässliche Zukunftsperspektiven in Zusammenhang mit der Weiterentwicklung von Maßnahmen zur Vereinbarkeit von Beruf und Familie – hier möchte ich exemplarisch die Ausgestaltung der Telearbeit nennen – entfalten positive Wirkung hinsichtlich Attraktivität und Bindung an den Öffentlichen Dienst.

Meine Damen und Herren,

ich denke, die Aufzählung der Prüfungen, Planungen und Möglichkeiten für die Zukunft lässt eines klar werden: Den Worten müssen die Taten folgen. Oder wie der Schriftsteller Arthur Koestler sagte: „Worte sind Luft. Aber die Luft wird zum Wind und der Wind macht die Schiffe segeln." Und wir wollen segeln! Ich denke, um das maritime Bild weiter zu bemühen: Lassen Sie uns den Anker lichten und die Segel setzen!

Das Repertoire zur Stärkung der Attraktivität der Ausbildung für den Öffentlichen Dienst ist schon sehr umfangreich. Ich bin mir sicher, dass Sie in den nächsten Tagen weitere Ideen und Anregungen entwickeln und diskutieren werden und sicherlich viele Ideen zur Umsetzung haben.

Ich wünsche Ihnen dabei in unser aller Interesse viel Kreativität und Erfolg!

Vielen Dank für Ihre Aufmerksamkeit.

Welche Ausbildungsinhalte benötigt eine moderne Verwaltung aus Sicht eines Verwaltungswissenschaftlers?

Heinrich Bücker-Gärtner

Hochschule für Wirtschaft und Recht Berlin

1 Einleitung

Zu der mit dem Thema verbundenen Leitfrage sind im Laufe der Jahrzehnte sehr viele Publikationen erschienen, deren zentrale Aussagen fast immer den jeweiligen Zeitgeist widerspiegeln. In den letzten 20 Jahren steht dabei der Einfluss der managementorientierten Reformen der öffentlichen Verwaltung im Vordergrund. Diese Reformen müssen nach den Aussagen vieler Veröffentlichungen zu einer tiefgreifenden Veränderung der Ausbildungsinhalte[1] und zu Konsequenzen für die rechtliche Stellung, die Organisation und die Anforderungen an die Lehrkräfte der Verwaltungsfachhochschulen führen.[2] Diese Perspektiven werden in jüngster Zeit durch zwei weitere ergänzt. So werden nicht nur die Ausbildungsinhalte thematisiert, sondern es wird auch darauf hingewiesen, dass die vorherrschende Sozialisation in der Ausbildung bzw. während des Studiums an einer Verwaltungsfachhochschule den neuen Anforderungen nicht gerecht wird, die sich aus vielfältigen gesellschaftlichen Entwicklungsprozessen ergeben.[3] Ferner wird auf die zunehmende Bedeutung von E-Government-Anwendungen und die damit

---

[1] Vgl. u. a. Röber, M. (2006): Verwaltungsausbildung und Dienstrechtsreform im Kontext einer sich wandelnden Verwaltung. In: Jann, W. & Röber, M. & Wollmann, H. (Hrsg.): Public Management. Grundlagen, Wirkungen, Kritik. Berlin: Sigma, 235ff.

[2] Vgl. u. a. Röber, M. (2013): Zukunft der Ausbildung für den öffentlichen Dienst – zur Rolle der internen Verwaltungsfachhochschulen. In: Busch, D. & Kutscha, M. (Hrsg.): Recht, Lehre und Ethik der öffentlichen Verwaltung. Baden Baden: Nomos, 319ff.

[3] Vgl. Schröter, E. & Röber, M. (2015): Verwaltungsausbildung zwischen Tradition und Moderne: Ein dreidimensionales Portrait. Verwaltung und Management. 21 (3), 125ff.

verbundenen Anforderungen an die Ausbildung des Verwaltungspersonals verwiesen.[4]

Antworten auf die in der Themenstellung enthaltene Leitfrage sollen im Folgenden zunächst auf der Grundlage von drei Quellen formuliert werden: (1) Rückmeldungen aus den Dienststellen, (2) Befragung der Absolventinnen und Absolventen sowie (3) Erfahrungen der Studierenden während der Praktika. Da die Mehrzahl der Absolventinnen und Absolventen der Hochschule für Wirtschaft und Recht Berlin, welche die Laufbahnbefähigung für den Allgemeinen Verwaltungsdienst erworben haben, in Behörden des Landes Berlin ein Praktikum absolvierten und eine Anstellung gefunden haben, beziehen sich die Aussagen primär auf den Stadtstaat Berlin; die Übertragung auf Bundesministerien und Kommunalverwaltungen in den Flächenländern Deutschlands müsste noch explizit geprüft werden. Bestimmte Erfahrungen von Studierenden während der Praktika deuten darauf hin, dass kommunikative Kompetenzen und die dazu relevanten psychologischen Grundlagen recht bedeutsam sind. Dieser Aspekt soll ebenfalls näher betrachtet werden.

2 Antworten aus der Praxis

Die Sicht der Dienststellen auf die Leitfrage dieses Beitrages wird an der Hochschule für Wirtschaft und Recht nicht mit Hilfe systematischer Befragungen ermittelt. Vielmehr findet ein regelmäßiger (ca. einmal pro Jahr) Erfahrungsaustausch insbesondere mit den Personen statt, die für die Auswahl und Einstellung von Nachwuchskräften verantwortlich sind. Für die Einstellungsbehörden steht die Verwendungsfähigkeit in der rechtsanwen-

---

[4] Vgl. The Potsdam Institute for eGovernment (2014): Wissenschaftliche Studie: Aktuelle Ausprägung sowie Gestaltungsmöglichkeiten der E-Government-Aus- und Fortbildung von Fach- und Führungskräften der Verwaltung , http://www.it-planungsrat.de/SharedDocs/Downloads/DE/Entscheidungen/15_Sitzung/32_studie_e-gov_mms.html

denden Sachbearbeitung im Mittelpunkt. Deshalb werden im Auswahlverfahren primär verwaltungsrechtliche Kenntnisse und die Fähigkeit überprüft, juristische Streitfragen im verfassungsrechtlichen Kontext zu proble-
matisieren. Darüber hinaus betonen die Einstellungsbehörden die Bedeutung von kommunikativer und interkultureller Kompetenz. Dabei wird auf
die politische Forderung nach einer bürgernahen Verwaltung in der kultu-
rell sehr heterogenen Metropole Berlin verwiesen, in der über 20 % der
Wohnbevölkerung einen Migrationshintergrund hat. In diesem Kontext
wird auch die Bedeutung einer Fremdsprache herausgestellt. Dabei spielt
die Fremdsprache Englisch nur dann eine Rolle, wenn auf das Ziel „Europafähigkeit der Verwaltung" verwiesen wird.

Eine systematische Befragung der Absolventinnen und Absolventen führt
die Hochschule für Wirtschaft und Recht erst seit 2010 durch. Dabei nutzt sie
die Erhebungen des International Centre for Higher Education Research als
Forschungseinrichtung der Universität Kassel. Diese Vorgehensweise erspart eigenen Erhebungsaufwand; ist aber mit dem Nachteil verbunden,
dass die Fragestellungen für einzelne Studiengänge nicht zielgenau sind. Die
Ergebnisse[5] liefern eher wenig konkrete Aussagen für die Leitfrage dieses
Beitrages, weil nicht nach den für den Studiengang spezifischen Lehrinhalten gefragt wurde. So zeigen die Befragungen das wenig überraschende Ergebnis, dass Rechtskenntnisse für die berufliche Tätigkeit als sehr wichtig
eingestuft werden. Darüber hinaus stellen die Absolventinnen und Absolventen heraus, dass für ihre berufliche Tätigkeit interdisziplinäres Denken,
Selbstorganisation und Flexibilität ebenfalls sehr wichtig sind. Wirtschafts-
wissenschaftliche und englische Sprachkenntnisse werden dagegen als
weitgehend unwichtig eingestuft.

Die Erfahrungen der Studierenden während der Praktika werden auf dreifa-
che Weise ermittelt. Zum einen wird über jedes Praktikum ein ausführlicher
Bericht erstellt, der Auskunft über die ausgeübten Tätigkeiten und den dabei
erfahrenen Bezug zu den bisher im Studium erworbenen fachlichen und

---

[5] Die Ergebnisse wurden bislang nicht veröffentlicht; sie sind nur hochschulintern
    verfügbar.

methodischen Kompetenzen gibt. Zum anderen werden die Studierenden während des Praktikums von einer hauptberuflichen Lehrkraft betreut und dabei in der Regel mindestens einmal an ihrem Arbeitsplatz besucht. Schließlich werden die Erfahrungen während des Praktikums im Rahmen eines abschließenden Tagesseminars ausgewertet. Als Ergebnisse lassen sich folgende Aspekte herausstellen. Die Mehrzahl der Studierenden wird im Praktikum mit Aufgaben im Bereich der rechtsanwendenden Sachbearbeitung betraut; einige in den Bereichen politische Programmplanung und Öffentlichkeitsarbeit; wenige arbeiten in Projekten mit.

Fast alle Studierenden benötigen zu Beginn des Praktikums eine Einweisung in die für ihr Aufgabengebiet relevanten speziellen Gesetze und Rechtsvorschriften sowie in die Handhabung der Sachbearbeitungssoftware. Diese Einweisung wird von den Praktikumsstellen in den ersten zwei bis vier Wochen des sechsmonatigen Praktikums vorgenommen. Im Ergebnis werden nur selten seitens der Studierenden und der Praktikumsstellen Defizite der Vermittlung von fachlichen und methodischen Kompetenzen identifiziert. Die meisten Studierenden erfahren im Praktikum viel Anerkennung und Wertschätzung. Dies motiviert sie, sich besonders anzustrengen, um sich die erforderlichen Qualifikationen und Kompetenzen in kurzer Zeit anzueignen. Unterstützungsbedarf haben viele Studierende im Praktikum in Bezug auf das Verständnis für politische Prozesse und die situationsgerechte Kommunikation mit Antragstellenden bei der Sachverhaltsermittlung. Die gelegentlich auftretenden Kritikpunkte in Bezug auf eine unzureichende fachliche Vorbereitung durch das Studium betreffen Detailwissen aus der Geschäftsordnung für die Berliner Behörden und die Handhabung komplexer Anwendungen mit der Software EXCEL. Defizite in Bezug auf Fremdsprachenkenntnisse und E-Government (beide Gebiete werden bislang im Studium nur peripher vermittelt) werden fast nie thematisiert.

3 Sachverhaltsermittlungen als kommunikativer Prozess

Sowohl im Praktikum als auch nach dem Studienabschluss steht eine Tätigkeit im Bereich der sachbearbeitenden Rechtsanwendung im Vordergrund. Zugleich zeigen die Erfahrungen während der Praktika, dass die Studierenden einen Unterstützungsbedarf in Bezug auf die situationsgerechte Kommunikation mit den Antragstellenden bei der Sachverhaltsermittlung aufweisen. Deshalb soll dieser Aspekt im Folgenden näher betrachtet werden. Für die juristische Entscheidungsfindung ist charakteristisch, dass eine Beziehung hergestellt werden muss zwischen einem ermittelten Tatbestand und der dafür einschlägigen gesetzlich festgelegten Rechtsfolge. Für die Tatbestandsermittlung und die wesentliche Schritte der Entscheidungsfindung in rechtlichen Fragen durch eine Behörde ist das Verwaltungsverfahrensgesetz heranzuziehen. Dieses Gesetz enthält im § 24 den sogenannten Untersuchungsgrundsatz. Danach hat eine Behörde „alle für den Einzelfall bedeutsamen, auch für die Beteiligten günstigen Umstände zu berücksichtigen." Ziekow stellt in seinem Kommentar zu diesem Paragrafen heraus, dass hier in vielen Fällen eine „kooperative Sachverhaltskonkretisierung" erforderlich ist. Er sieht darin zwar die Gefahr einer „Einbruchstelle für Subjektivität". Aber angesichts komplexer Sachverhalte sei die Behörde immer weniger in der Lage, das für die Erstellung einer sachgerechten Verwaltungsentscheidung erforderliche Wissen im vollen Umfang selbst zu erwerben und konstatiert, dass die Behörden „im besonderen Maße auf Kommunikation und Informationsaustausch zwischen den Beteiligten angewiesen" sind. Aus seiner Sicht ist die kooperative Sachverhaltskonkretisierung ein unentbehrliches Mittel, um einen Tatbestand mit der darauf bezogenen Rechtsfolge rechtssicher identifizieren zu können.[6]

Die sachgerechte Handhabung des Untersuchungsgrundsatzes soll im Folgenden an einem Beispiel verdeutlicht werden, das eine Studentin in ihrem Bericht über ihre Tätigkeiten während eines Praktikums im Sozialamt do-

---

[6] Vgl. Ziekow, J. (2010): Verwaltungsverfahrensgesetz. Kommentar. Stuttgart: Kohlhammer, 169f.

kumentierte.[7] Eine Bankkauffrau im Alter von 26 Jahren mit überdurchschnittlichem Einkommen kam als einzige vermögende Angehörige eines alkoholkranken Mannes, der Leistungen nach dem SGB XII erhielt, für die Übernahme von Unterhaltsleistungen in Frage. Bevor das zuständige Sozialamt einen rechtskräftigen Bescheid gegen diese Frau erließ, wurde sie zu einer Anhörung eingeladen. Bei der Anhörung brachte die junge Frau zunächst ihre strikte Weigerung zum Ausdruck, für ihren Vater eine Art Unterhalt zu zahlen. Die behutsame Gesprächsführung der Sachbearbeiterin zeigte zum einen die Rechtsfolgen der Weigerung auf und machte zugleich deutlich, dass es auch Gründe geben kann, die dazu führen, dass eine solche Unterhaltszahlung unzumutbar ist und damit rechtlich nicht eingefordert werden kann. Dabei wies die Sachbearbeiterin darauf hin, dass solche Gründe nur im Zusammenwirken mit der eingeladenen jungen Frau ermittelt werden können. Im Laufe des Gesprächs wurde deutlich, dass die junge Frau vor ihrer Volljährigkeit mit Billigung des Jugendamtes das Elternhaus verlassen hat, weil sie „ihren Vater nicht mehr ertragen" habe. Die Anhörung endete mit dem Einvernehmen, dass sich das Sozialamt auf der Grundlage einer Akteneinsichtsermächtigung durch die Betroffene mit dem zuständigen Jugendamt in Verbindung setzt, um zu klären, inwiefern sachliche Gründe für eine Unzumutbarkeit der Unterhaltsforderung vorliegen. Im Ergebnis wurden seitens des Sozialamtes keine Unterhaltsforderungen gegen die junge Bankkauffrau geltend gemacht, weil im Jugendamt dokumentiert war, dass erhebliche gewalttätige Übergriffe des betroffenen Vaters gegen seine damals minderjährige Tochter vorlagen. Hätte bei der Anhörung keine kooperative Tatbestandsermittlung stattgefunden, wäre wahrscheinlich mit anwaltlichem Rat im Widerspruchsverfahren das gleiche Ergebnis erzielt worden, aber mit erheblichem zusätzlichem Aufwand.

---

[7] Weil der Praktikumsbericht mit einem Veröffentlichungssperrvermerk versehen ist, können keine näheren Quellenangaben erfolgen.

4 Relevanz kommunikativer und interkultureller Kompetenzen

Im voran stehenden Kapitel wurde aufgezeigt, wie bedeutsam eine kooperative Tatbestandsermittlung ist, um eine rechtlich richtige Verwaltungsentscheidung treffen zu können. Dabei sei auch daran erinnert, dass ein Kommentar zum Verwaltungsverfahrensgesetz die kommunikativen Elemente betont. Eine vordergründige Betrachtungsweise wird an dieser Stelle hervorheben, dass es deshalb wichtig ist, die kommunikative Kompetenz des Verwaltungspersonals zu trainieren. Die einschlägigen Trainings sorgen dafür, dass grobe Fehler bei der Interaktion vermieden werden. Die kommunikative Kompetenz muss abgesichert werden durch Grundlagenkenntnisse in Bezug auf Wahrnehmung und die Wirksamkeit von Stereotypen oder Vorurteilen.

Wer sich noch nicht mit dem Thema Wahrnehmung beschäftigt hat, geht in der Regel davon aus, dass es möglich ist, Realität objektiv wahrzunehmen. Dies bildet die Grundlage für den Versuch, andere von der eigenen – natürlich einzig wahren – Sichtweise zu überzeugen. Die Annahme ist weit verbreitet, dass alle Menschen im Prinzip das Gleiche wahrnehmen wie man selbst. Diese Vorstellung vermittelt ein Gefühl von Sicherheit in einer unübersichtlichen Welt, erschwert aber eine gelingende Kommunikation insbesondere mit Personen, die als fremd identifiziert werden.

In der Psychologie und den Neurowissenschaften bedeutet Wahrnehmung, Informationen aus der Umwelt aufzunehmen und ist die Voraussetzung dafür, dass wir Objekte erkennen. Im Wahrnehmungsprozess werden zunächst sensorische Informationen mit den Sinnen aufgenommen und an das Gehirn weitergeleitet, wo aus einer Vielzahl von eingehenden Reizen diejenigen in einem dem Bewusstsein nicht zugängigem Vorgang ausgewählt werden, die relevant sein könnten. Die Verarbeitung und Interpretation der Informationen beruht auf vorhandenen Erfahrungen bzw. Erwartungen. Erst wenn für die Informationen eine subjektive Bedeutung gefunden wurde, wird der Reiz bewusst wahrgenommen. Das Gehirn vermittelt in einem weitgehend bewusst nicht zugängigen Prozess dadurch Sicherheit und Orientierung, indem es zum einen fehlende oder nicht eindeutige Reize „sinnvoll" ergänzt. Zum anderen werden bevorzugt Reize wahrgenommen, die den Erwartungen entsprechen.[8]

Um kommunizieren zu können, ist es notwendig, eine erste Einschätzung von der anderen Person zu haben. In Sekundenbruchteilen stellen wir fest, ob unser Gegenüber männlich oder weiblich ist und welcher Ethnie oder sozialen Schicht er zugehört. Je nach Ergebnis verhalten wir uns sehr unterschiedlich. Wir sind dabei stark geprägt durch kulturelle Einflüsse. So kommt es, dass Menschen, die ihrem Aussehen nach offensichtlich nichtdeutscher Herkunft sind, häufig in sehr einfachem Deutsch angesprochen werden unabhängig von ihrer tatsächlichen Sprachkompetenz.

Die Hirnforschung hat mit Hilfe der funktionellen Magnetresonanztomografie folgende interessante Entdeckung gemacht: Begegnen Menschen anderen Menschen oder denken über sie nach, wird nur dann eine Hirnregion direkt hinter der Stirn eingeschaltet, wenn ihnen die andere Person vertraut, sympathisch oder ähnlich ist. Diesen medialen präfrontalen Kortex nutzen wir auch, wenn wir über uns selbst nachdenken. Wenn wir jedoch Menschen als fremd oder unsympathisch wahrnehmen, bleiben neuronale Signale in dieser Region sehr schwach oder bleiben ganz aus. Unser Gehirn greift dann automatisch auf Stereotype zurück. Dies trifft sowohl auf sozial wenig geschätzte Personen wie Obdachlose oder Drogenabhängige, aber auch auf Angehörige mit einem anderen kulturellen Hintergrund wie etwa Migranten zu.[9]

Die Kommunikationspartner gehen stets mit unhinterfragten Vorstellungen in den Kommunikationsprozess, nehmen selektiv wahr, fühlen sich in ihren Annahmen bestätigt, reagieren entsprechend und verstärken so ihre Vorur-

---

8 Vgl. Spitzer, M. (2010): Automatik im Kopf. Wie das Unbewusste arbeitet. In: Spitzer, M.; Bertram, W. (Hrsg.): Hirnforschung für Neu(ro)gierige. Braintertainment 2.0. Stuttgart: Schattauer, 107ff.
9 Vgl. Fiske, S. (2012): Vergleiche stabilisieren unser labiles Selbst. Psychologie heute. Heft 2, 34ff.

teile. Dieser Kreislauf wird anschaulich in dem Teufelskreis-Schema des Kommunikationspsychologen Schulz von Thun dokumentiert.[10] Wenn z. B. ein Migrant eine Behörde aufsuchen muss, der erwartet dort ungerecht behandelt zu werden, wird er eher fordernd auftreten. Trifft er auf einen Verwaltungsmitarbeiter, der davon ausgeht, dass Migranten sich unangemessen verhalten und ihn zurechtweist, wird sich dieser wiederum in seiner negativen Erwartung bestätigt sehen und noch aggressiver auftreten.

Ein wichtiger Bestandteil der kommunikativen Kompetenz ist auch die Reflektion der eigenen Kultur und des eigenen Verhaltens. Das Werte- und Entwicklungsquadrat nach Schulz von Thun ist hierfür ein nützliches Modell.[11] Der Schlüsselfaktor zum Gelingen der kooperativen Tatbestandsermittlung ist eine wertschätzende Grundhaltung sowohl auf Seiten der antragstellenden Bürgerinnen und Bürger als auch bei dem Verwaltungspersonal. Dies ist eine besondere Herausforderung, wenn Menschen aus verschiedenen Kulturkreisen aufeinandertreffen. Wertschätzen heißt, auf das zu achten, was der Wert, d. h. das eigentlich Wichtige in dem ist, was der Andere sagt und tut. Wertschätzung gelingt nur aus der Position des Gleich-Seins, also der Kommunikation auf Augenhöhe.[12] Wertschätzung ist nicht allein eine Charaktereigenschaft sondern eine Kompetenz, die man erwerben kann. Diese Kompetenz insbesondere auch in belastenden Situationen anzuwenden kann nur gelingen, wenn auf der Basis einschlägigen Fachwissens ein entsprechendes Verhalten eingeübt wird.

Ein sehr gutes Beispiel für das Training dieser Kompetenz stellt das Projekt „Studentische Rechtsberatung" dar, das aus den Vorbildern der Legal Cli-

---

10 Vgl. Riehle, E. & Seifert, M. (2001): Stolpersteine interkultureller Verwaltungskommunikation. In: Riehle, E. (Hrsg.): Interkulturelle Kompetenz in der Verwaltung? Kommunikationsprobleme zwischen Migranten und Behörden. Wiesbaden: Westdeutscher Verlag, 25

11 Vgl. Kumbier, D. & Schulz v. Thun, F. (2011): Interkulturelle Kommunikation: Methoden, Modelle, Beispiele. Reinbek bei Hamburg: Rowohlt, 298

12 Vgl. Mettler-v. Meibom, B. (2006): Wertschätzung. Wege zum Frieden mit der inneren und äußeren Natur. München: Kösel; siehe auch Brüggemeier, B. (2010): Wertschätzende Kommunikation im Business. Paderborn: Jungfermann, 159ff.

nic" an juristischen Fakultäten deutscher und ausländischer Universitäten der der international verbreiteten Angeboten von „Legal Aid" durch gemeinnützige Organisationen im Jahre 2004 an der Hochschule für Wirtschaft und Recht konzipiert wurde.[13] In diesem Projekt bearbeiten Studierende unter fachlicher Anleitung einer Lehrkraft Mitstudierende und Ratsuchende einer kooperierenden gemeinnützigen Nachbarschaftsinitiative Rechtsprobleme aus den Bereichen Straßenverkehr, Miet- und Kaufverträge sowie Beantragung von Sozialleistungen. Die Studierenden bearbeiten dabei konkrete Fälle aus der Praxis; sie werden mit Rechtsproblemen aus der Sicht der Betroffenen konfrontiert und müssen dazu tragfähige Lösungen erarbeiten. Zugleich müssen die Studierenden mit den Betroffenen so kommunizieren, dass eine umfassende Sachverhaltsermittlung möglich ist und die Betroffenen vom Nutzen der gefundenen Lösung überzeugt sind. Dieses Projekt stellt eine nahezu ideale Kombination des Trainings der sachgerechten juristischen Einzelfallentscheidung sowie der kommunikativen Kompetenz einschließlich Wertschätzung dar.

5 Fazit

Die Bearbeitung komplexer juristischer Einzelfallentscheidungen ist der Schwerpunkt der Berufstätigkeit der betrachteten Zielgruppe. Dabei ist zu berücksichtigen, dass diese Bearbeitung oft in einem interaktiven Prozess mit sehr heterogenen Antragstellerinnen und Antragstellern erfolgt, die oft einen Migrationskontext aufweisen und damit in einem anderen Kulturkreis sozialisiert sind als das Personal in den Behörden. Diese Tätigkeit erfordert einerseits eine fundierte Ausbildung im öffentlichen Recht. Andererseits sind kommunikative und interkulturelle Kompetenzen unerlässlich. Diese lassen sich nur auf der Basis einschlägigen psychologischen Grundlagenwis-

---

[13] Vgl. Prümm, H. P. (2012): Die didaktische Wende der deutschen Rechtsmethodik. In: Vereinigung Deutscher Rechtslehrender (Hrsg.). Rechtslehre. Jahrbuch der Rechtsdidaktik 2011. Berlin: Berliner Wissenschafts-Verlag, 83ff.

sens erwerben. Somit muss auch das Fach Psychologie einen zentralen Stellenwert im Studium erhalten.

Für einen wirtschaftswissenschaftlichen Schwerpunkt oder eine Stärkung der Lehrinhalte im Bereich E-Government konnten aus den hier referierten Analysen keine Anhaltspunkte gefunden werden. Dabei ist zu berücksichtigen, dass die Behörden für die Entwicklung und Implementation von E-Government-Anwendungen in der Regel externe Beratungskompetenz nutzen. Ferner gilt es zu bedenken, dass ein Studium insbesondere auf die Tätigkeiten am Beginn einer beruflichen Karriere vorbereiten kann. Es gilt das Motto des lebenslangen Lernens. Dieses schließt neben Fortbildungen auch ein berufsbegleitendes Studium ein. Für einen wirtschaftswissenschaftlichen Schwerpunkt eines Studiums mit Bezug zu einer Tätigkeit in der öffentlichen Verwaltung erscheint mir ein entsprechendes Masterstudium sinnvoll.[14] Auch eine vertiefte Vermittlung von Kenntnissen im Bereich des E-Governments erscheint mir wenig zielführend. Dies sollte in einem spezifischen Studium der Verwaltungsinformatik erfolgen.

Die von Schröter und Röber[15] formulierte Kritik in Bezug auf die Unangemessenheit der Sozialisation in Studium und Beruf mag an einigen Orten zutreffen. Jedoch habe ich festgestellt, dass die Studierenden insbesondere in den Praktika mit den vielfältigen gesellschaftlichen Entwicklungsprozessen konfrontiert werden. Die Studierenden treffen dort in der Regel auf berufserfahrene Beschäftigte, die sich auf die neuen Anforderungen eingestellt haben und durch Fortbildungen in die Lage versetzt wurden, anmessen zu reagieren. Viele Studierende lernen insbesondere im Praktikum, wie sich neue gesellschaftliche Prozesse konkret auf das Verwaltungshandeln auswirken. Für die Hochschulen stellt sich die Aufgabe, haupt- und nebenberufliches Lehrpersonal zu rekrutieren, das bereit und fähig ist, die Auswirkungen der vielfältigen gesellschaftlichen Entwicklungsprozesse in ihre

---

[14] Siehe auch Schmitz, E. (2016): Qualifizierung von Fach- und Führungskräften für die öffentlichen Verwaltungen in Hessen. Die Neue Hochschule, Heft 3, 82ff.

[15] Vgl. Schröter, E. & Röber, M. (2015): Verwaltungsausbildung zwischen Tradition und Moderne: Ein dreidimensionales Portrait. Verwaltung und Management. 21 (3), 125ff.

Lehrveranstaltungen zu integrieren und die Lehrinhalte entsprechend anzupassen. Nach meinem Eindruck gelingt dies weitgehend, so dass ich die kritische Einschätzung von Schröter und Röber nicht teile.

Die Vorgaben der Innenministerkonferenz für ein laufbahnbefähigendes Bachelor-Studium für den Allgemeinen Verwaltungsdienst[16] sehen ein interdisziplinäres Studium mit rechtswissenschaftlichem Schwerpunkt vor. Dies erscheint nach meinen Analysen angemessen. Für die von der Innenministerkonferenz vorgesehene Variante mit einem wirtschaftswissenschaftlichen Schwerpunkt zeigen insbesondere die Behörden im Stadtstaat Berlin bislang keinen Bedarf. Bei der konkreten Umsetzung der Vorgaben der Innenministerkonferenz sollten die politik-, sozial- und verwaltungswissenschaftlichen Lehrinhalte besonders darauf ausgerichtet sein, zum einen die fachwissenschaftlichen Grundlagen für Erwerb und Stärkung der kommunikativen und interkulturellen Kompetenzen zu legen. Die politik- und verwaltungswissenschaftlichen Lehrinhalte sollten insbesondere auch das Verständnis für komplexe Governance-Prozesse und Fähigkeiten zu deren Gestaltung vermitteln. Darüber hinaus ist es besonders wichtig, dass die Studierenden auch Arbeits- und Selbstorganisation lernen sowie trainiert werden, sich eigenständig neues Wissen anzueignen, damit sie für die Anforderungen des lebenslangen Lernens gut gerüstet sind.

Quellenverzeichnis

Brüggemeier, B. (2010): Wertschätzende Kommunikation im Business. Paderborn: Jungfermann

Fiske, S. (2012): Vergleiche stabilisieren unser labiles Selbst. Psychologie heute. Heft 2, 34-39

---

[16] Vgl. Innenministerkonferenz (2005): Positionspapier zur Gleichwertigkeit von Bachelor-Studiengängen und -Abschlüssen mit Diplom-Studiengängen und -Abschlüssen an Fachhochschulen im Rahmen einer Ausbildung für den gehobenen allgemeinen (nichttechnischen) Verwaltungsdienst. 178. Sitzung am 24.6.2005

Innenministerkonferenz (2005): Positionspapier zur Gleichwertigkeit von Bachelor-Studiengängen und -Abschlüssen mit Diplom Studiengängen und -Abschlüssen an Fachhochschulen im Rahmen einer Ausbildung für den gehobenen allgemeinen (nichttechnischen) Verwaltungsdienst. 178. Sitzung am 24.6.2005. Zugriff am 07. Juni 2016 unter http://www.innenministerkonferenz.de/IMK/DE/termine/to-beschluesse/05-06-24/05-06-24-anlage-nr-26.pdf?__blob=publicationFile&v=2

Kumbier, D. & Schulz v. Thun, F. (2011): Interkulturelle Kommunikation: Methoden, Modelle, Beispiele. Reinbek bei Hamburg: Rowohlt (5. Aufl.)

Mettler-v. Meibom, B. (2006): Wertschätzung. Wege zum Frieden mit der inneren und äußeren Natur. München: Kösel

The Potsdam Institute for eGovernment (2014): Wissenschaftliche Studie: Aktuelle Ausprägung sowie Gestaltungsmöglichkeiten der E-Government-Aus- und Fortbildung von Fach- und Führungskräften der Verwaltung. Zugriff am 07. Juni 2016 unter http://www.it-planungsrat.de/SharedDocs/Downloads/DE/Entscheidungen/15_Sitzung/32_studie_e-gov_mms.html

Prümm, H. P. (2012): Die didaktische Wende der deutschen Rechtsmethodik. In: Vereinigung Deutscher Rechtslehrender (Hrsg.). Rechtslehre. Jahrbuch der Rechtsdidaktik 2011. Berlin: Berliner Wissenschafts-Verlag, 21-92

Prümm, H. P. (2013): Handbuch Studentische Rechtsberatung - StuR an der HWR Berlin. Berlin: Hochschule für Wirtschaft und Recht

Riehle, E. & Seifert, M. (2001): Stolpersteine interkultureller Verwaltungskommunikation. In: Riehle, E. (Hrsg.): Interkulturelle Kompetenz in der Verwaltung? Kommunikationsprobleme zwischen Migranten und Behörden. Wiesbaden: Westdeutscher Verlag, 11-35

Röber, M. (2006): Verwaltungsausbildung und Dienstrechtsreform im Kontext einer sich wandelnden Verwaltung. In: Jann, W. & Röber, M. & Wollmann, H. (Hrsg.): Public Management. Grundlagen, Wirkungen, Kritik. Berlin: Sigma, 235-252

Schmitz, E. (2016): Qualifizierung von Fach- und Führungskräften für die öffentlichen Verwaltungen in Hessen. Die Neue Hochschule, Heft 3, 82-84

Schröter, E. & Röber, M. (2015): Verwaltungsausbildung zwischen Tradition und Moderne: Ein dreidimensionales Portrait. Verwaltung und Management. 21 (3), 125-137

Spitzer, M. (2010): Automatik im Kopf. Wie das Unbewusste arbeitet. In: Spitzer, M.; Bertram, W. (Hrsg.): Hirnforschung für Neu(ro)gierige. Braintertainment 2.0. Stuttgart: Schattauer, 107-129

Ziekow, J. (2010): Verwaltungsverfahrensgesetz. Kommentar. Stuttgart: Kohlhammer

▸ Prof. Dr. Heinrich Bücker-Gärtner ist Dekan des Fachbereichs Allgemeine Verwaltung der Hochschule für Wirtschaft und Recht Berlin, erreichbar unter heinrich.buecker-gaertner@hwr-berlin.de

Erwartungen an den Öffentlichen Dienst – Was muss sich ändern?

Kristin Kühnlein

Paul Ehrlich Institut

1 Personalsituation im Öffentlichen Dienst

Das Verhältnis der erwerbstätigen zur nicht erwerbstätigen Bevölkerung sinkt, so dass dem Arbeitsmarkt weniger Arbeitskräfte zur Verfügung stehen.[1] Im Öffentlichen Dienst steigt der Altersdurchschnitt und in den kommenden Jahren werden viele Beschäftigte in den Ruhestand eintreten.[2] Allein aus diesen Faktoren einen flächendeckenden Fachkräftemangel abzuleiten, wäre allerdings zu kurz gegriffen. Zu berücksichtigen ist, dass Angebot und Nachfrage an Personal von Berufsfeld zu Berufsfeld sehr unterschiedlich sein können und im öffentlichen Dienst nicht nur Verwaltungsfachpersonal benötigt wird. Außerdem muss beachtet werden, dass mit fortschreitender Digitalisierung möglicherweise Effizienzgewinne auftreten, die die Forderung nach einer rechnerischen Eins-zu-Eins-Nachbesetzung von frei werdenden Stellen nicht uneingeschränkt rechtfertigen. Auch die momentan stattfindende Zuwanderung kann Effekte haben, die den prognostizierten

---

[1] Zur Bevölkerungsentwicklung Deutschlands vgl. Statistisches Bundesamt (Hrsg.) (2015). Bevölkerung Deutschlands bis 2060. 13. Koordinierte Bevölkerungsvorausberechnung. Zugriff im März 2016 unter
https://www.destatis.de/DE/Publikationen/Thematisch/Bevoelkerung/Vorausberechn ungBevoelkerung/BevoelkerungDeutschland2060Presse5124204159004.pdf?__blob=publi cationFile

[2] Zum Personalbestand im öffentlichen Dienst vgl. Statistisches Bundesamt (Hrsg.) (2015). Finanzen und Steuern. Personal des öffentlichen Dienstes. Fachserie 14 Reihe 6. Zugriff im März 2016 unter
https://www.destatis.de/DE/Publikationen/Thematisch/FinanzenSteuern/Oeffentliche rDienst/PersonaloeffentlicherDienst2140600147004.pdf?__blob=publicationFile

Fachkräftemangel abschwächen. Insgesamt ist daher noch weitgehend unklar, in welcher Form und Intensität der Fachkräftemangel, der sich derzeit eher punktuell und qualitativ bemerkbar macht, zukünftig in Erscheinung treten wird. Es macht aber durchaus Sinn, sich nicht erst und nicht nur auf Druck des Arbeitsmarktes mit dem Veränderungspotenzial im Personalsystem des öffentlichen Dienstes zu beschäftigen. Schließlich geht es nicht nur darum, überhaupt Personal zu gewinnen, sondern auch, das richtige Personal für eine zukunftsfähige Verwaltung zu gewinnen und zu motivieren.

2 Säulen der nachhaltigen Personalgewinnung und Eingrenzung der Thematik

Die dauerhafte Gewinnung von Mitarbeitern baut auf drei Säulen auf: Erstens auf einer guten Bewerberansprache, womit die Kommunikation mit potenziellen Bewerbern gemeint ist, zweitens auf dem Setzen von Anreizen im Sinne von attraktiven Arbeitsbedingungen und drittens auf der Schaffung eines geeigneten Bewerberpools, beispielsweise über die eigene Ausbildung an staatlichen Fachhochschulen für Verwaltung.[3] Die zu untersuchende Thematik beschränkt sich im Wesentlichen auf den Bereich des Schaffens von Anreizen und attraktiven Arbeitsbedingungen und lässt die anderen beiden Bereiche außer Betracht, auch wenn diese nicht weniger wichtig sind. Außerdem ist eine weitere Abgrenzung vorzunehmen, und zwar danach, um welche Zielgruppe es sich bei der Frage der attraktiven Arbeitsbedingungen handelt. Handelt es sich um potenzielle externe Bewerber, geht es darum, diese erstmals zu gewinnen. Externe Bewerber können die Attraktivität von Arbeitsbedingungen naturgemäß nur an Kriterien festmachen, die extern auch sichtbar sind, wie zum Beispiel Gehalt und Work-Life-Balance-Möglichkeiten. Kriterien, die nur verwaltungsintern

---

[3] Zu den Säulen der Personalgewinnung vgl. Zempel-Dohmen, J. (2007, S. 405). Personalmarketing. Personal Recruitment, in: Schuler, H. & Sonntag, K. H. Handbuch der Arbeits- und Organisationspsychologie. Göttingen: Hogrefe

wahrnehmbar sind, spielen durchaus eine Rolle bei der Bewertung der Attraktivität des Arbeitsplatzes, allerdings nur für bereits bestehendes Personal. Diese Kriterien wie zum Beispiel Hierarchie der Organisation, Führungskompetenzen, Arbeitsatmosphäre und unmittelbares Teamumfeld sind daher vorwiegend für die Personalbindung relevant. Insofern beschränken sich alle folgenden Ausführungen auf die Attraktivität der Arbeitsbedingungen für potenzielle Neubewerber.

3 Erwartungen von Bewerber/innen

Ausgangspunkt der Überlegungen zu den Erwartungen potenzieller Bewerber sind die gesellschaftlichen Werte- und Bedürfnisstrukturen, die einer ständigen Veränderung unterliegen. So werden klassische geradlinige Lebensläufe abgelöst durch Patchwork-Biografien, die sich aufgrund von häufigen Brüchen, Umwegen, Wechseln und Auszeiten oft aus einer Kette von Einzelprojekten zusammensetzen. Postmaterielle Werte und Selbstverwirklichung haben gegenüber den Faktoren Sicherheit und Planbarkeit an Wichtigkeit gewonnen, wenngleich seit dem Jahr 2010 der deutliche Trend zu beobachten ist, dass Sicherheit und Planbarkeit wieder an Bedeutung gewinnen. Möglicherweise hängt dieser Effekt mit den Folgen der Wirtschafts- und Finanzkrise zusammen, ist aber nicht eindeutig belegbar. Sogenannte Wir-Werte und die Entfaltung der Persönlichkeit stehen heutzutage höher im Kurs als Erfolg im klassischen Sinne.[4] Normierende gesellschaftliche Faktoren haben an Gültigkeit verloren. Die als Generation Y bezeichnete Kohorte der in den Jahren 1980 bis 2000 Geborenen sieht das Recht auf Individualismus als selbstverständliche Gegebenheit an.[5] Während in der Vergangen-

---

[4] Vgl. Huber, T. & Rauch, C. (2015, S. 18). Generation Y. Das Selbstverständnis der Manager von morgen. Eine Trendstudie des Zukunftsinstituts im Auftrag von Signium International. Düsseldorf: Signium International (Hrsg.). Zugriff im März 2016 unter http://www.springer.com/cda/content/document/cda_downloaddocument/ 9783658050832-c1.pdf?SGWID=0-0-45-1483506-p176976298

[5] Ebd. S. 14

heit Waren ein knappes Gut gewesen sind, sind heutzutage der Mangel an Zeit und Lebensqualität die wesentlichen Lebensknappheiten. Der Generation der potenziellen Neubewerber geht es daher weniger um den Anhäufung und Bewahrung materieller Werte, sondern mehr um Zeitautonomie. Interessant ist dabei, dass diese Generation trotzdem sehr motiviert ist und sogar stärker intrinsisch motivierbar ist als je zuvor. 77% der Befragten dieser Alterskohorte geben an, dass sie bereit sind, alles zu geben, wenn der Job Spaß macht und gute Leistungen entsprechend anerkannt werden.[6] Die Motivationsmechanismen haben sich geändert: Der alte Deal Geld gegen Arbeit funktioniert nicht mehr.[7] Potenziellen Bewerbern geht es darum, etwas bewirken, gestalten und verändern zu können.

Das Unternehmen Universum führt seit Jahren Befragungen zu Karrierezielen und Erwartungen von Studierenden und jungen Berufstätigen an den Arbeitgeber durch.[8] Die Zusammenstellung der Ergebnisse für die Jahre 2008 bis 2013 (Abb. 1) zeigt, dass eine ausgewogene Work-Life-Balance konstant als wichtigster Faktor benannt wird.

---

[6]   Ebd. S. 36
[7]   Ebd. S. 22
[8]   Auswertung der Ergebnisse vgl. Lake, S. (2015). Karriereziele und Erwartungen an den Arbeitgeber von Studierenden und jungen Berufstätigen: Umfrageergebnisse 2008 bis 2013. Hartmann, M. (Hrsg.). Rekrutierung in einer zukunftsorientierten Arbeitswelt. Wiesbaden: Springer Fachmedien, S. 29-38. Zugriff im März 2016 unter http://www.springer.com/cda/content/document/cda_downloaddocument/ 9783658050832-c1.pdf?SGWID=0-0-45-1483506-p176976298

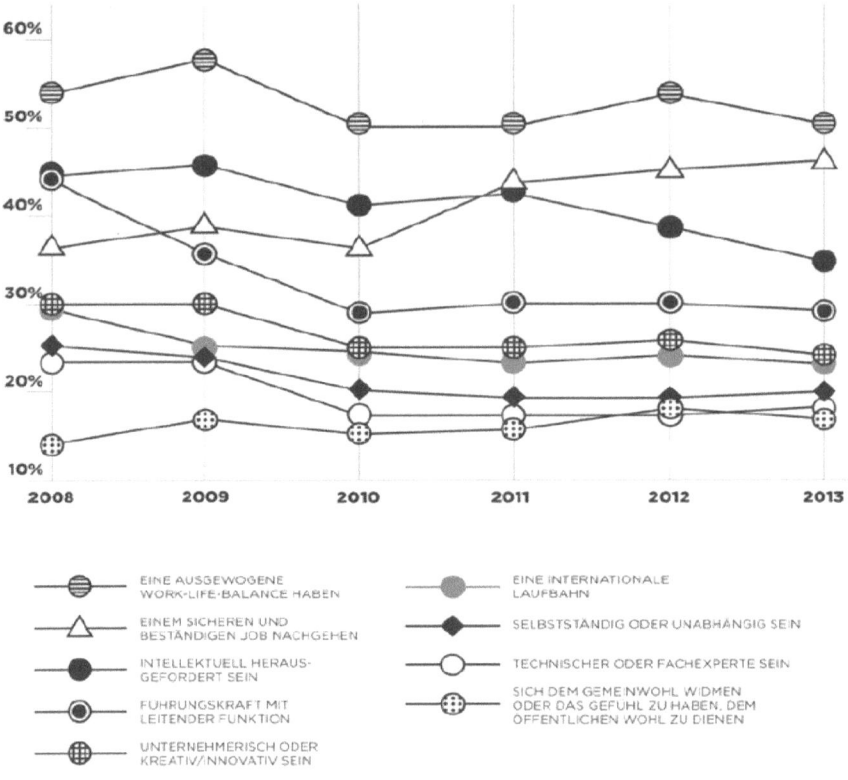

Abb. 1 Entwicklung der Karriereziele Studierender in Deutschland (2008 bis 2013).
Übernommen aus: Lake, S. (2015, S. 37)

Fraglich ist natürlich, ob das Thema Work-Life-Balance in einer Zeit der abnehmenden Separation von Beruf und Privatleben überhaupt noch relevant sein kann, sollte eine Aufteilung der Lebenszeit in diese zwei Bereiche zukünftig möglicherweise nicht mehr erfolgen. Hierzu ist festzuhalten, dass das Wort Work-Life-Balance nicht nur mit der zeitlichen Bedeutung im Sinne einer ausgeglichenen Zeitaufteilung verknüpft wird, sondern auch ganz generell mit dem Anspruch, fremden Interessen nicht mehr Raum und

Wichtigkeit zu geben als den eigenen. Indem berufliche Zwänge in der Vergangenheit gegenüber privaten Interessen oft als prioritär angesehen worden sind, wurde eine gewisse Fremdsteuerung empfunden. Der Anspruch, nicht fremdgesteuert zu agieren, besteht unabhängig vom Grad der zeitlichen Verschmelzung von Beruf und Privatleben. Insofern muss möglicherweise die Wortwahl überdacht werden, der Sinn dahinter bleibt jedoch.

Deutlich sichtbar ist der Anstieg der Wichtigkeit des Faktors, einem sicheren und beständigen Job nachzugehen. Dieser Faktor hat sich von Rang vier im Jahr 2008 bis zum Jahr 2013 mit an die Spitze vorgearbeitet. Abgenommen hat die Bedeutung aller Faktoren, die mit Status und Prestige in Verbindung gebracht werden können, wie zum Beispiel dem Ziel, eine Führungskraft mit leitender Funktion, ein technischer Experte oder Fachexperte zu werden. Zu beachten ist bezüglich dieser Faktoren, dass sie kaum als Attraktivitätskriterium für potenzielle Neubewerber dienen können, sondern ausschließlich als Karriereziele zu betrachten sind, weil eine entsprechende Karriere in der Regel nicht vor bzw. bei der erstmaligen Anstellung vorhersehbar ist, sondern sich erst im Laufe der Zeit über Erfahrungen, Leistungen, Fluktuation und weitere Bedingungen entwickelt. Aus diesem Grund werden die Faktoren, Führungskraft mit leitender Funktion, technischer Experte oder Fachexperte zu werden, aus der folgenden Betrachtung ausgeschlossen. Ein leichter Anstieg der Wichtigkeit ist bei der Erwartung, sich durch seinen Beruf dem Gemeinwohl zu widmen, zu sehen, auch wenn diesem Faktor im Vergleich weiterhin am wenigsten Bedeutung zukommt.

Interessant ist, dass die Motivationsfaktoren untereinander verknüpft sind. So lässt das Vorhandensein eines Faktors bei einer Person vermuten, dass andere Faktoren in bestimmter Weise ausgeprägt sind. Sogenannte Motivationsmuster lassen sich bei verschiedenen Personengruppen finden. Für den öffentlichen Dienst ist eine Personengruppe von besonderer Bedeutung: Personen mit Public Service Motivation (PSM). Diese Personen streben aus intrinsischer Motivation in den öffentlichen Dienst, erzielen bei ihrer Arbeit im öffentlichen Dienst überdurchschnittliche Ergebnisse und sind unabhängig von materiellen Anreizen zu höheren Leistungen motivierbar.[9]

Betrachtet man die Attraktivitätskriterien unter dem Aspekt der PSM, ergibt sich ein etwas anderes Bild (Abb. 2).

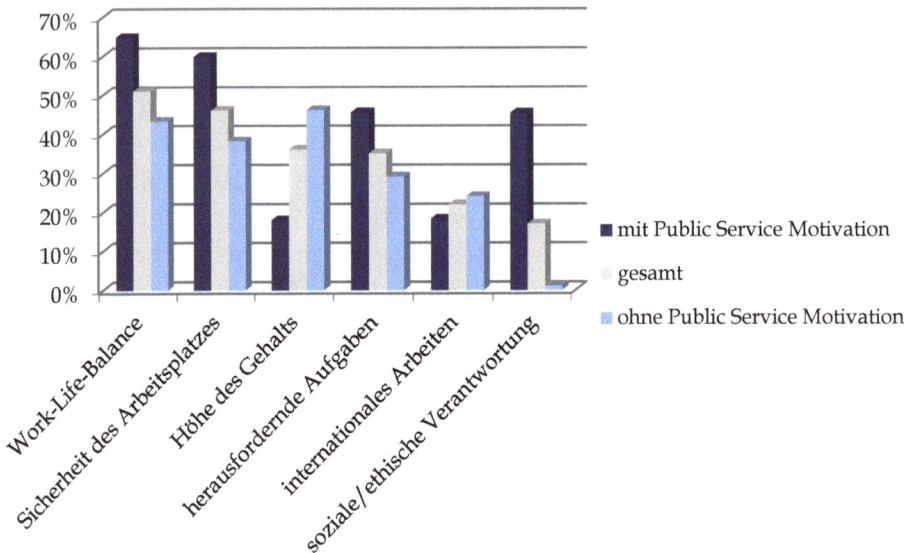

Abb. 2 Wichtigkeit von Attraktivitätsfaktoren in Abhängigkeit von Public Service Motivation. Eigene grafische Darstellung nach Auswertung und logischer Zusammenführung der Daten folgender Quellen: Hirsbrunner, D. (2008, S. 16). Houston, D. J. (2000, S. 715). Klunker (Kühnlein), K. (2009, S. 20). Lake, S. (2015, S. 36)

---

[9] Vgl. Alonso, P. & Lewis, G. B. (2001, S. 364). Public Service Motivation and Job Performance: Evidence from the Federal Sector. Washington: The American Society of Public Administration (Hrsg.). The American Review of Public Administration Vol. 31. No. 4. Zugriff im März 2016 unter http://arp.sagepub.com/ content/31/4/363.full.pdf

Die Attraktivitätskriterien werden je nach Personengruppe als unterschiedlich wichtig angesehen. Während bei den Faktoren Work-Life-Balance und Sicherheit des Arbeitsplatzes noch relativ ähnliche Ergebnisse zu verzeichnen sind, gibt es deutliche Differenzen bei der Faktoren Höhe des Gehalts und soziale/ethische Verantwortung. So ist die Höhe des Gehalts für Personen ohne PSM ein sehr relevanter Faktor bei der Beurteilung der Attraktivität eines Arbeitgebers, während dies für Personen ohne PSM nicht der Fall ist. Dementgegen ist der Faktor, soziale und ethische Verantwortung zu tragen und damit dem Gemeinwohl zu diesen, für Personen mit PSM ein wesentliches Attraktivitätsmerkmal des Arbeitgebers. Für Personen mit PSM steht dieses Kriterium immerhin auf Rang vier.

Auch berufsgruppenspezifisch sind unterschiedliche Motivationsmuster erkennbar. Beispielsweise legt IT-Personal verstärkt Wert auf die Höhe des Gehalts und auf die Karrieremöglichkeiten, die sich mit einem bestimmten Abschluss ergeben.[10] Für Forschungspersonal stehen dagegen Autonomie, internationales Arbeiten und modernste technische Ausstattung im Vordergrund.[11]

4 Stärken des öffentlichen Dienstes hinsichtlich seiner Attraktivität als Arbeitgeber

Der öffentliche Dienst bietet eine ausgewogene Work-Life-Balance. Im öffentlichen Dienst gibt es mehr Teilzeitarbeitsplätze als in der Privatwirtschaft. Zudem befinden sich die in der Privatwirtschaft vorhandenen Teil-

---

10 Vgl. Klunker (Kühnlein), K. (2009, S. 28 ff.). (Un-)Attraktivität des öffentlichen Dienstes in Deutschland? – Wege zur Deckung des Personalbedarfs unter Berücksichtigung der Konzepte in ausgewählten europäischen Staaten. Zugriff im März 2016 unter http://www.verwaltungsmanagement.info/docs/Klunker_Attraktivitaet_des_oeffentl_Dienstes_2009.pdf
11 Ebd. S. 32 ff.

zeitarbeitsplätze verglichen mit dem öffentlichen Dienst eher auf den unteren Hierarchieebenen und weniger in den hochqualifizierten Bereichen.

Weiterhin wird der öffentliche Dienst immer noch mit der subjektiven Wahrnehmung der Unkündbarkeit verbunden, mindestens jedoch mit der Annahme, dass die Anstellung nur bei grobem Fehlverhalten gefährdet ist. Objektiv gesehen ist der Attraktivitätsfaktor Sicherheit des Arbeitsplatzes allerdings nur noch eingeschränkt begründbar, da es im öffentlichen Dienst zunehmend befristete Arbeitsverhältnisse gibt. Der Befristungsanteil im öffentlichen Dienst inklusive der Wissenschaft lag im Jahr 2014 bei 10,4 %, ohne die Wissenschaft immerhin bei 7,4 % und damit immer noch höher als in der Privatwirtschaft (6,7 %).[12] Im Wissenschaftsbereich des öffentlichen Dienstes lag er gar bei 37 %.[13]

Herausfordernde Aufgaben kann der öffentliche Dienst grundsätzlich bieten. Allerdings ist festzuhalten, dass die Einstufung des Grades an Herausforderung natürlich individuell erfolgt und abhängig von Person und konkreter Stelle ist. Außerdem gibt es im öffentlichen Dienst nicht mehr oder weniger herausfordernde Aufgaben als in der Privatwirtschaft, weshalb hinsichtlich dieses Kriteriums nur einzelne Stellen, nicht jedoch der gesamte öffentliche Dienst oder die Privatwirtschaft bessergestellt ist.

Dem Anliegen, dem Gemeinwohl zu dienen und soziale und ethische Verantwortung zu übernehmen, wird im öffentlichen Dienst entsprochen, da dies naturgemäß ureigene Sache des öffentlichen Dienstes ist.

---

[12] Vgl. Hohendanner, C. et al. (2015, S. 33 f.). Befristete Beschäftigung im öffentlichen Dienst. Entwicklung, Motive und rechtliche Umsetzung. IAB-Forschungsbericht 12/2015. Nürnberg: Institut für Arbeitsmarkt- und Berufsforschung der Bundesagentur für Arbeit (Hrsg.). Zugriff im März 2016 unter
http://doku.iab.de/forschungsbericht/2015/fb1215.pdf
[13] Ebd. S. 34

5 Schwächen des öffentlichen Dienstes hinsichtlich seiner Attraktivität als Arbeitgeber

Im Wesentlichen werden mit dem öffentlichen Dienst zwei Umschreibungen in Zusammenhang gebracht: Inflexibilität und konservatives Arbeitsumfeld. Es gilt nach wie vor das Prinzip der Einheitlichkeit, so dass der öffentliche Dienst an neue Steuerungs- und Organisationsformen sowie an neue Lebensentwürfe nur mangelhaft anpassungsfähig ist.

Fragt man sich nach dem Nutzen der Gewissheit, nach einer bestimmten Anzahl geleisteter Arbeitsjahre quasi automatisch ein höheres Gehalt oder gar Beförderungen zu erhalten, oder der Gewissheit, dass eine Karriere maximal bis zum Endamt der jeweiligen Laufbahn möglich ist, sofern kein entsprechender weiterführender Bildungsabschluss vorgelegt wird, so sind diese Tatsachen insbesondere vor dem Hintergrund der veränderten Lebensmodelle potenzieller Arbeitnehmer nicht förderlich. Im Gegenteil: Wo nicht Leistungen und Erfolge zählen, wirken sich derartige Automatismen zunehmend negativ aus. In den vergangenen Jahren wurden bereits Rahmenbedingungen geändert, die zu mehr Durchlässigkeit und Flexibilität führen sollten, unter anderem durch das Dienstrechtsneuordnungsgesetz[14] aus dem Jahr 2009. In der Praxis sind die Entwicklungsmöglichkeiten aber faktisch weiterhin vorbestimmt, und zwar klassisch vom Eingangsamt bis zum Endamt.

Was die Höhe des Gehaltes betrifft, so ist festzustellen, dass die Einstiegsgehälter sowie die Gehälter in den unteren Laufbahngruppen durchaus attraktiv sind. Je höher allerdings die Position, desto weniger attraktiv ist die Höhe des Gehalts im Vergleich mit der Privatwirtschaft. Ziel kann dennoch nicht sein, dass das Gehaltniveau des öffentlichen Dienstes sich an das Gehaltniveau der Privatwirtschaft angleicht. Zum einen ist belegt, dass soge-

---

[14] Gesetz zur Neuordnung und Modernisierung des Bundesdienstrechts vom 05. Februar 2009 (BGBl. I S. 160, 462), zuletzt geändert am 20. Dezember 2011 (BGBl. I S. 2842). Zugriff im März 2016 unter https://www.jurion.de/Gesetze/DNeuG

nannte Pay-for-Performance-Systeme verstärkt extrinsisch motivierte Personen anziehen, weshalb sie im öffentlichen Dienst nicht übermäßig eingesetzt werden sollten. Zum anderen ist bekannt, dass Geld kein Motivator ist, sondern lediglich ein sogenannter Hygienefaktor. Das bedeutet, dass ein höheres Gehalt nicht oder zumindest nicht nachhaltig zu höheren Leistungen motiviert, dagegen ein zu niedrig empfundenes Gehalt zu Minderleistung führt. Deshalb ist es hier im Wesentlichen ausreichend, eine gefühlte Unterbezahlung zu vermeiden. Besonders im Hinblick darauf, dass Personen mit PSM weniger Wert auf die Höhe des Gehaltes legen, dürfte das etwas niedrigere Gehaltsniveau im öffentlichen Dienst nur als unwesentliche Schwäche im Vergleich zu den oben genannten Problematiken bezüglich Inflexibilität und mangelnder Anerkennungsmöglichkeiten von Leistungen eingestuft werden.

6 Exkurs: Blick in andere Staaten

Hinsichtlich des Faktors Flexibilität sind insbesondere die Personalsysteme des öffentlichen Dienstes in der Schweiz sowie in Großbritannien sehr gut aufgestellt.

Das Bundespersonalgesetz der Schweiz[15] setzt lediglich einen Rahmen ohne Detailregelungen und lässt damit sehr viel Raum offen für Lösungen, die auf die Bedürfnisse des jeweiligen Arbeitnehmers und Arbeitgebers abgestimmt werden können. So haben die Eidgenössischen Technischen Hochschulen beispielsweise die Möglichkeit, eigene Laufbahnkonzepte für Assistenten, Oberassistenten und wissenschaftliche Mitarbeiter zu erstellen.[16] Das Beam-

---

[15] Bundespersonalgesetz der Schweiz vom 24. März 2000, zuletzt geändert am 19. Juni 2015. Zugriff im März 2016 unter https://www.admin.ch/opc/de/classified-compilation/20000738/index.html

[16] Siehe Verordnung des ETH-Rates über das Personal im Bereich der Eidgenössischen Technischen Hochschulen vom 15. März 2001, zuletzt geändert am 18. September 2014. Zugriff im März 2016 unter https://www.admin.ch/opc/de/classified-compilation/20010654/index.html

tentum wurde auf der Bundesebene fast komplett abgeschafft. Auf kantonaler Ebene bestehen unterschiedliche Regelungen dazu. Die Abschaffung des Beamtentums führt aber nicht zwangsläufig zu geringerer Attraktivität hinsichtlich der Sicherheit des Arbeitsplatzes. Vielmehr kann die Kombination aus grundsätzlich unbefristetem Arbeitsverhältnis und Kündigungsmöglichkeit bei schwerwiegenden Gründen wie dauerhafter Schlechtleistung gleichzeitig Sicherheit und Beständigkeit geben, ohne dabei das Leistungsprinzip zu vernachlässigen.

Das Personalsystem des öffentlichen Dienstes in Großbritannien ist nicht laufbahnorientiert, sondern positionsbasiert.[17] Bei der Besetzung von Positionen wird dabei vorrangig auf die Eignung geachtet, weniger auf formale Aspekte. Die Dienstverhältnisse richten sich nach praktischen Bedürfnissen und den finanziellen Möglichkeiten, nicht nach Lohntabellen, so dass die einzelnen Behörden weitgehende Vollmachten bei der Ausgestaltung der Vergütung haben.

7 Steigerung der Attraktivität des öffentlichen Dienstes in Deutschland

Festzuhalten ist zunächst einmal, dass attraktiv ist, was der Einzelne dafür hält. Damit ist gemeint, dass es keine One-size-fits-all-Lösung geben kann, weil, wie oben gezeigt, die Wichtigkeit einzelner Attraktivitätsfaktoren individuell oder zumindest gebunden an Personengruppen mit spezifischen Motivationsmustern bewertet wird. In diesen Zusammenhang ist es natürlich erstrebenswert, vor allem Personen mit PSM zu gewinnen. Bei Personalknappheit und in bestimmten Berufsgruppen – im öffentlichen Dienst

---

[17] Vgl. Köllner, A. EU-Review (2006, S. 16): Vergütung im öffentlichen Dienst. Studie im Auftrag der Bertelsmann Stiftung. Hamburg: Rambøll Managment (Hrsg.). Zugriff im März 2016 unter https://www.bertelsmann-stiftung.de/fileadmin/files/BSt/Presse/imported/downloads/xcms_bst_dms_16859_168 60_2.pdf

wird entgegen der häufigen Annahme nämlich nicht nur Verwaltungspersonal beschäftigt, sondern verschiedenste Berufsgruppen – müssen aber auch Personen ohne PSM angeworben werden. Neben weiteren Untersuchungen berufsgruppenspezifischer Attraktivitätsfaktoren ist insgesamt ein höheres Maß an Flexibilität erforderlich, um auf konkrete Rahmenbedingungen und Zielgruppen individuell eingehen zu können.

Der öffentliche Dienst sollte auf keinen Fall durch zunehmend befristete Arbeitsverhältnisse seine Konkurrenzfähigkeit im Bereich des Faktors Sicherheit und Beständigkeit des Arbeitsplatzes einbüßen, gerade im Hinblick darauf, dass dieses Attraktivitätsmerkmal für potenzielle Bewerber wieder an Bedeutung gewinnt. Dabei geht es nicht um die Frage, ob das Beamtentum beibehalten werden soll, wenngleich allein der Unterschied zwischen dem Nettogehalt eines Beamten und eines Angestellten derselben Stufe eine nicht zu vernachlässigende Wirkung auf potenzielle sowie bestehende Arbeitnehmer hat und daher möglichst aufgehoben werden sollte. Der Beamtenstatus impliziert aber neben der Arbeitsplatzsicherheit noch ein Bündel an besonderen Rechten und Pflichten, die gesondert zu beurteilen wären, während Arbeitsplatzsicherheit auch bei einer unbefristeten Beschäftigung im Angestelltenverhältnis gegeben ist. Dass es zunehmend befristete Beschäftigungsverhältnisse im öffentlichen Dienst gibt, ist offenbar nicht darauf zurückzuführen, dass eine größere Anzahl von Projektaufgaben oder sonst zeitlich beschränkten Aufgaben zu bewältigen ist, sondern darauf, dass es ein dem bestehenden System immanentes Stellenproblem gibt. Sind aus verschiedensten Gründen nicht genügend Stellen im Stellenplan vorhanden, werden Personalausgaben durch Outsourcing in Sachausgaben umgewandelt oder Personal befristet eingestellt. Fehlende Planstellen sind laut Befragungen öffentlicher Arbeitgeber eines der wichtigsten Befristungsmotive.[18] Diesen Trend gilt es umzukehren und grundsätzlich wieder

---

[18] Vgl. Hohendanner, C. et al. (2015, S. 50). Befristete Beschäftigung im öffentlichen Dienst. Entwicklung, Motive und rechtliche Umsetzung. IAB-Forschungsbericht 12/2015. Nürnberg: Institut für Arbeitsmarkt- und Berufsforschung der Bundesagentur für Arbeit (Hrsg.). Zugriff im März 2016 unter
http://doku.iab.de/forschungsbericht/2015/fb1215.pdf

unbefristete Beschäftigungsverhältnisse anzubieten. Um die Eignung des ausgewählten Personals zu testen, ist keine Befristung notwendig, da es hierfür andere Instrumente wie beispielsweise die Probezeit gibt. Möglicherweise wäre auch eine Orientierung am Schweizer Modell sinnvoll, um bei anhaltender Schlechtleistung Konsequenzen androhen zu können.

Um Herausforderungen bieten und Leistungen anerkennen zu können, ist eine weitere Lockerung des Laufbahnmodells erforderlich. Personalauswahl, Beförderungen, die Besetzung von Positionen im Allgemeinen sowie von Führungspositionen und die Gehälter sollten stärker auf Eignung, Leistung und Befähigung abstellen und weniger auf Alter, Dienstzugehörigkeit, Bildungsabschluss und Beförderungsrunden. Die Tatsache, dass ein durchschnittlicher Arbeitnehmer mit zunehmender Erfahrung und zunehmendem Dienstalter auch zunehmend besser geeignet ist, um höherwertige Aufgaben wahrzunehmen, berechtigt noch lange nicht zu automatischer Höhergruppierung. Erstens trifft das eben nur auf den Durchschnitt zu und nicht ausnahmslos. Zweitens ist zumindest theoretisch als Voraussetzung einer Höhergruppierung eine Änderung der wahrgenommenen Aufgaben hinsichtlich des Schwierigkeitsgrades erforderlich, also eine entsprechende Stelle, die zu besetzen ist. Drittens ist objektiv zu prüfen, ob es nicht noch geeignetere Kandidaten für die Besetzung dieser Stelle gibt, und zwar allein anhand der Kriterien Eignung, Leistung und Befähigung. Nur dann kann dem Anspruch der potenziellen Bewerber Rechnung getragen werden, dass Leistungen anerkannt werden und nicht anhand vom Bewerber unbeeinflussbarer Kriterien Personalentscheidungen getroffen werden. Viel zu oft werden Beförderungen auch als Instrument der Belobigung für gute Leistungen verwendet, was zu Verwerfungen im Gesamtsystem führt, ist nicht auch die Wahrnehmung höherwertiger Tätigkeiten damit verbunden. Das setzt aber auch eine strikte Verknüpfung der Anforderungen an eine Stelle mit der Eingruppierung im Sinne einer durchgängigen Dienstpostenbewertung oder Stellenbeschreibung voraus. Möchte sich ein Beschäftigter weiterentwickeln, so dürfte er dies nur über die Bewerbung auf entsprechende Positionen tun können. Umgekehrt ist es wiederum notwendig, Möglichkeiten der Rückgruppierung bei Beamten zu schaffen und die bei Angestellten bereits rechtlich bestehenden Möglichkeiten auch in der Praxis auszuschöpfen, sollte ein Beschäftigter niederwertige Aufgaben wahrnehmen. Allein durch diese Maßnahmen kann das Gesamtsystem so stimmig und konsistent gestaltet werden, dass potenzielle Arbeitnehmer der neuen motivierten Generation nicht durch Automatismen, die die Leistung unberücksichtigt lassen, abgeschreckt werden.

Eine stärkere Flexibilisierung im Bereich der Entlohnung würde den Maßnahmenkatalog zur Attraktivitätssteigerung noch ergänzen. Zwar sind bereits Möglichkeiten vorhanden, Zulagen zu zahlen, um mit Bewerberknappheit oder bei drohender Abwanderung umzugehen. Diese Möglichkeiten sind aber so detailliert reguliert und auf bestimmte Bereiche oder Szenarien begrenzt, dass, sobald sich Problematiken bei der Personalgewinnung und -bindung in andere Bereichen oder neuen Szenarien zeigen, wiederum neue Festlegungen getroffen werden müssen. Dieses Verfahren ist sehr aufwändig und führt auch immer zu einer zeitlichen Verzögerung zwischen dem Auftreten und dem Lösen der jeweiligen Problematik. Ein flexibleres Lohnsystem hätte den Vorteil, dass zeitgleich agiert werden könnte.

8 Zusammenfassung und Ausblick

Unabhängig von der Art und Intensität des prognostizierten Fachkräftemangels ist es für den öffentlichen Dienst als Arbeitgeber von Vorteil, wenn die Motivationslagen potenzieller Arbeitnehmer bekannt sind. Welche Arbeitsbedingungen für den einzelnen Arbeitnehmer wichtig sind, hängt von seiner motivationalen Grundeinstellung ab und steht auch im Zusammenhang mit seiner Berufsgruppe. In diesem Bereich wären weitergehende Untersuchungen aufschlussreich. Fest steht jedenfalls, dass Arbeitnehmer unterschiedliche Anforderungen an die Arbeitsbedingungen stellen, weshalb ein pauschales Anreizsystem im öffentlichen Dienst ebenso wie eine Anpassung der Arbeitsbedingungen an die der Privatwirtschaft nicht sinnvoll wäre. Das Personalsystem des Öffentlichen Dienstes weist aufgrund seiner relativ starren Detailregelungen des Arbeits- und Dienstrechts ein hohes Maß an Inflexibilität auf und ist dadurch als Arbeitgeber nur bedingt attraktiv. Um berufsgruppenspezifisch oder situationsspezifisch darauf eingehen zu können, ist mehr Flexibilität erforderlich.

▸ M.A. Kristin Kühnlein, Paul-Ehrlich-Institut (seit 2005). Studium der Allgemeinen Verwaltung an der Fachhochschule der Sächsischen Verwaltung Meißen. Studium des Europäischen Verwaltungsmanagements an der Hochschule für Wirtschaft und Recht Berlin.

Verwaltungswissenschaftliche Berufsperspektiven privater und öffentlicher Studiengänge im Vergleich

Eckhard Schröter & Florian Keppeler

Zeppelin Universität Friedrichshafen

1 Einleitung: Zu welchem Ende lehrt und studiert man Verwaltungswissenschaft?

Dieser Beitrag zu den Glienicker Gesprächen beschäftigt sich vordergründig mit einem Vergleich zwischen verwaltungswissenschaftlich ausgerichteten Studiengängen an öffentlichen und privaten wissenschaftlichen Hochschulen, wobei insbesondere die beruflichen Perspektiven eine Rolle spielen sollen. Zu diesem Zweck stellt dieser Beitrag verschiedenen analytische Dimensionen für einen solchen Vergleich vor und illustriert die – aus Autorensicht - signifikanten und charakteristischen Unterschiede mit empirischen Befunden aus zwei akademischen Studiengängen: dem Studium zum „Diplom-Verwaltungswirt" an der Fachhochschule für öffentliche Verwaltung und Rechtspflege in Bayern sowie dem Bachelor-Studiengang „Politics, Administration & International Relations" (PAIR) an der Zeppelin Universität Friedrichshafen.

Im Kern steht dabei zugleich die Frage, mit welchem Ziel und welcher Absicht ein Studium mit verwaltungswissenschaftlichem Profil überhaupt angeboten und studiert wird. In idealtypischer Weise lassen sich drei grundsätzliche Richtungen beschreiben, in welche die Antworten auf diese Frage gehen könnten. Zunächst eine klassische Perspektive, die vor allem für die „interne Ausbildung" für den Öffentlichen Dienst gelten kann: Man lehrt und studiert Verwaltungswissenschaft (oder ein vergleichbares inhaltliches Profil), um Nachwuchspositionen im Verwaltungsbereich besetzen zu können. Im Gegensatz dazu kann es jedoch auch eine Begründung und Motivation für das Studienangebot (und das Studium) sein, wenn es um die wissenschaftliche Fundierung des Faches geht: Man lehrt und studiert ein Curriculum, um eine wissenschaftliche Disziplin zu etablieren bzw. diese Disziplin fortzuschreiben und verwaltungswissenschaftliche Lehre und Forschung zu intensivieren. Schließlich bietet sich – mit Anleihen bei beiden bisherigen Interpretationen – eine Sicht an, die vor allem auf die Qualifikation für eine bestimmte Funktion abhebt: Man lehrt und studiert eine verwaltungswissenschaftlich geprägte, aber genuin interdisziplinäre Fächerkombination, um für die Erfüllung öffentlicher Aufgaben in ihrem politischen, gesellschaftlichen und ökonomischen Kontext befähigt zu sein. Diese Funktion fällt aber längst nicht mit der Institution „öffentliche Verwaltung" zusammen, da öffentliche Aufgaben auch von Privaten (for-profit oder non-for-profit) oder in vielfältigen Kooperationsbeziehungen erbracht werden können. Diese drei Sichtweisen (mit Blick auf eine bestimmte Institution, akademische Disziplin oder eine politisch-administrative Funktion) stehen damit zu Wahl.

Wir können schon einleitend festhalten, dass die Wahl einer solchen Ausrichtung der Studiengänge – und erst recht die Qualität solcher Studiengänge – nicht notwendigerweise etwas mit der Unterscheidung zwischen „öffentlich" und „privat" zu tun hat. Es kann also nicht darum gehen, die beiden Trägerschaften oder Eigentumsformen gegeneinander auszuspielen. Die Unterschiede sollen daher anhand von analytischen Dimensionen herausgearbeitet werden. Bei der Bewertung dieses analytischen Vergleichs lassen wir uns von der normativen Sicht leiten, dass es die modernen Herausforderungen des öffentlichen Sektors zunehmend verlangen, eine wissenschaftlich fundierte analytische Qualifikation anzubieten, die nicht allein Voraussetzung für eine bestimmte Behördenlaufbahn ist, sondern die auf vielseitige verantwortliche Funktionen bei der Erfüllung öffentlicher Aufgaben in einer dynamisch-komplexen Umwelt vorbereitet.

Die Auswahl unserer Vergleichsfälle hat mit den Biographien der Autoren, aber auch mit der hier geführten inhaltlichen Diskussion zu tun. Florian

Keppeler hat beide Studiengänge als Student kennen gelernt; Eckhard Schröter war und ist als ehemaliger Departmentleiter und derzeitiger Akademischer Programmleiter für die Entwicklung der managementorientierten Politik- und Verwaltungswissenschaft an der Zeppelin Universität mitverantwortlich.[1] Aus fachlicher Sicht ist diese Gegenüberstellung besonders interessant und illustrativ, da es sich bei den beiden Institutionen und Studiengängen um markante Endpunkte eines breiteren Spektrums handelt. Der Freistaat Bayern beharrt mit seiner Fachhochschule für öffentliche Verwaltung und Rechtspflege – entgegen einem Trend in anderen Ländern und beim Bund – bewusst auf dem Modell der verwaltungsinternen Ausbildung, deren Inhalte und Standards – vom Bologna-Prozess weitgehend unbeeindruckt und fern akademischer Selbstverwaltung – von den zuständigen Staatsministerien maßgeblich bestimmt werden. Die Zeppelin Universität gGmbH in privater Trägerschaft steht dagegen für diejenigen Reformstudiengänge (an öffentlichen und privaten Institutionen), die – inspiriert von New Public Management und Public Governance – interdisziplinäre akademische Programme mit intersektoraler Ausrichtung anbieten.

2 Konzeptioneller Hintergrund: Dimensionen des Vergleichs

In diesem Abschnitt gehen wir der Frage nach, welche Eigenschaften und Merkmale von Ausbildungseinrichtungen und ihrer Studienprogramme sich auf die berufliche Sozialisierung und die entsprechende Ausprägung von Kulturmustern maßgeblich auswirken. An welchen Programmeigenschaften oder institutionellen Merkmalen ließe sich also ein Hebel ansetzen, um – ganz ausdrücklich oder auch eher implizit – bestimmte berufsrelevante Werthaltungen und Rollenverständnisse an die Teilnehmerinnen und Teilnehmer zu vermitteln? Mit unserer Antwort folgen wir der Argumentation in Schröter/Röber (2015) und verweisen daher auf drei wesentliche Dimen-

---

[1] Die Autoren geben in diesem Beitrag allein ihre persönlichen und fachlichen Überzeugungen wieder und sprechen nicht für die Institution.

sionen, die sich für einen Vergleich von Bildungsinstitutionen und ihren Studienprogrammen besonders eignen:

Institutionelle Eigenschaften und Status: Welchen rechtlichen bzw. akademischen Status hat die jeweilige Ausbildungsinstitution? Gewährt sie umfassende akademische Freiheiten in Verbindung mit einer fachlichen Bandbreite, wie es für tradierte Forschungsuniversitäten typisch ist? Oder findet die Ausbildung an einer Institution statt, die sich am besten als interne Ausbildungsstätte beschreiben ließe und sich vor allem an den praxisorientierten Qualifikationserwartungen der jeweiligen Führungsriege ausrichtet? In ähnlicher Weise sind Fragen nach dem Status und den Rollenerwartungen auch an die Teilnehmerinnen und Teilnehmer der Studien- und Ausbildungsgänge für den Öffentlichen Dienst sowie an die Lehrenden zu richten.

Diese skizzierten Unterschiede zwischen den institutionellen Eigenschaften der betroffenen Ausbildungseinrichtungen und ihren Angehörigen auf Seiten der Lehrenden und Studierenden bleiben nicht folgenlos, wenn es darum geht, bestimmte berufsbezogene Werte und Rollenverständnisse in der Ausbildung für den Öffentlichen Dienst zu vermitteln. So lässt sich insbesondere davon ausgehen, dass jene Wert- und Einstellungsmuster, die mit einem ‚klassischen Bürokraten' in Verbindung gebracht werden, vor allem in solchen Ausbildungsstätten verstärkt und von Kohorte zu Kohorte tradiert werden, die sich als Zweig einer bestehenden Behörde bzw. Behördenstruktur verstehen.

Ausbildungsinhalte: Die fachliche Sozialisierung zählt zu den zentralen Einflussfaktoren, die künftige Rollenverständnisse und Einstellungsmuster im Öffentlichen Dienst prägen. Eine erste Unterscheidung zwischen den zu betrachtenden Ausbildungs- und Studiengängen lässt sich danach treffen, ob sie vorrangig darauf ausgerichtet sind, eher die „Wie"- oder die „Warum"-Fragen zu beantworten. Dabei markieren die (überwiegend normativen) „How-to-do"-Programme jenen Endpunkt auf diesem Spektrum, in dessen Nähe sich hauptsächlich berufsqualifizierende und anwendungsorientierte Ausbildungsangebote finden, während – mit höherem Abstraktionsgrad und analytischem Anspruch – die stärker akademisch und theorieorientierten Studiengänge dem entgegengesetzten Endpunkt nahekommen. Zudem können multi-disziplinäre Charaktere einzelner Curricula unter Umständen dazu genutzt werden, verschiedene Fachrichtungen für die Analyse komplexer Problemlagen miteinander so systematisch zu verbinden, dass inter- oder transdisziplinäre Programmkomponenten entstehen. Dabei wird im Einzelnen auch zu berücksichtigen sein, welche Besonderheiten einzelner Disziplinen die fachliche Sozialisierung prägen: Handelt es sich um kanonisiertes Wissen, das in der betreffenden Fachrichtung vorwiegend vermittelt wird? Dominieren in den Studiengängen eher normative oder empirische, deskriptive oder analytische Ausbildungsinhalte?

Diese inhaltlichen Merkmale des Curriculums verbinden sich zu einem wichtigen Einflussfaktor, der die Absolventen dieser Ausbildungsgänge tendenziell für oder gegen bestimmte Wert- und Einstellungsmuster disponiert. Am Beispiel des Rollenbilds eines „klassischen Bürokraten" lässt sich verdeutlichen, wie sehr dieses Rollenverständnis nicht zuletzt auf Ausbildungsinhalten basiert, die vor allem dem Glauben an eine wirksame „Konditionalprogrammierung" durch Rechtsanwendung Vorschub leisten.

Lehre und Didaktik: Die dritte Dimension fragt nach den vorherrschenden didaktischen Ansätzen, den Unterrichtsmethoden und damit dem gesamten Lehrkonzept. Welche Arten der Wissensvermittlung werden genutzt? Welche Lehr- und Prüfungsformate kommen zum Einsatz? Nicht nur die Ausbildungsinhalte, sondern auch die Ausbildungsformen tragen demnach zur professionellen Sozialisierung nachhaltig bei. Wird den Studierenden Gelegenheit gegeben, über den Lehrstoff zu reflektieren? Bietet das Curriculum den nötigen Raum für das Selbststudium, für vertiefende Fallstudien oder gar für eigene studentische Seminarangebote und Forschungsprojekte? Oder ist die Ausbildungszeit – definiert durch eine hohe Anzahl von „Kontaktstunden" – schon dadurch ausgefüllt, dass sich Lehrende und Lernende im Frontalunterricht begegnen? Welche Möglichkeiten stehen den Studierenden offen, um individuelle Schwerpunkte durch Wahl- und Wahlpflichtangebote zu setzen? Und für den Fall, dass Praktika zum integralen Bestandteil des Programms gehören, stellt sich die Frage, ob diese praktische Organisations-

und Arbeitserfahrung ausdrücklich auch in intersektoralen, internationalen und/oder interkulturellen Kontexten gefördert wird oder ob diese Praxisphase nicht zuletzt zur frühen beruflichen Sozialisierung in ein bestimmtes Verwaltungsumfeld geeignet ist.

Diese didaktischen Ansätze und Lehrformen werden sich sicher nicht 1:1 mit bestimmten Einstellungsmustern des späteren Verwaltungspersonals gleichsetzen lassen, doch gehen wir von einem Zusammenhang zwischen der jeweiligen „Lehrphilosophie" und den damit transportierten Werthaltungen und Rollenverständnissen aus. So steht die Vermittlung von Fakten- oder konkretem Anwendungswissen im Frontalunterricht – ggf. ergänzt durch längere Praxisphasen in Verwaltungsbehörden – sehr wahrscheinlich dem Rollenbild eines „klassischen Bürokraten" wesentlich näher als etwa eine stärker theoriegeleitete und methodengestützte Ausbildung, die auf vermehrte Kritik- und Analysefähigkeit Wert legt, vielleicht sogar studentische Forschungsprojekte ermöglicht und in praxisorientierten Phasen professionelle Einblicke in Organisationskulturen und Karrierewege außerhalb des öffentlichen Sektors bietet.

Vor dem Hintergrund dieser Vergleichsdimensionen – die zugleich als wesentliche Reformhebel dienen können – wenden wir uns im Folgenden den ausgewählten Bildungsinstitutionen und ihren Studienprogrammen zu.

3 Vergleich zwischen der Bayerischen FHVR und der Zeppelin Universität

Nachfolgend werden also die Bayerische Fachhochschule für öffentliche Verwaltung und Rechtspflege (BayFHVR) auf der einen Seite und die Zeppelin Universität auf der anderen Seite betrachtet. Vor der Analyse anhand der drei geschilderten Dimensionen werden die beiden Institutionen kurz vorgestellt, um die besondere Stellung herauszuarbeiten, die beide im tertiären Bildungssektor einnehmen. Die FHVR in Bayern wird gesetzlich zwar staatlichen Fachhochschulen gleichgestellt, zeigt aber institutionell vor allem Merkmale der internen Aus- und Fortbildungseinrichtung. Die Zeppelin Universität lässt sich an den Standards der Forschungsuniversität mit mehreren Fachrichtungen messen (allerdings mit Blick auf das Fächerspektrum weit vom Bild einer Volluniversität entfernt) und ist in diesem institutionellen Umfeld als private Einrichtung doch eine Ausnahmeerscheinung mit wenigen „Peers" (wie der Universität Witten/Herdecke und der Jacobs University).

Bei der BayFHVR handelt es sich um eine verwaltungsinterne Einrichtung des Freistaates Bayern (Art. 2. Abs. 1 Satz 1 BayFHVRG[2]). Sie untersteht seit der Gründung 1974 grundsätzlich der Aufsicht des Staatsministeriums der Finanzen, für Landesentwicklung und Heimat (Art. 2 Abs. 2 Satz 2 BayFHVRG) und ist de jure den staatlichen Fachhochschulen gleichgestellt (Art. 1 Abs. 6 BayFHVRG). Finanziert wird sie aus Mitteln des Staatshaushalts; zudem tragen nichtstaatliche öffentliche Dienstherren die Kosten für ihren dort ausgebildeten Nachwuchs (Art. 3 BayFHVRG). Zum Stand des 1. Mai 2016 studieren an den sechs Fachbereichen (Allgemeine Innere Verwaltung, Archiv- und Bibliothekswesen, Finanzwesen, Polizei, Rechtspflege, Sozialverwaltung) rund 4200 Studierende, davon ca. 1400 als Angehörige des Fachbereichs Allgemeine Innere Verwaltung.[3] Die Fachhochschule ist mit ihren Fachbereichen auf unterschiedliche Standorte verteilt, wobei die Ausbildung für den allgemeinen nicht-technischen Verwaltungsdienst in Hof stattfindet. Den Studierenden stehen insgesamt 178 hauptamtliche Hochschuldozenten (von denen 60 in Hof tätig sind) gegenüber.[4] Das Leitbild der BayFHVR gibt eine zukunftsorientierte Aus- und Fortbildung des Öffentlichen Dienstes in Bayern als eigene Aufgabe vor, deren Ziel es ist, „fachlich und persönliche kompetente, vielseitig einsetzbare und flexibel

---

[2] Gesetz über die Fachhochschule für öffentliche Verwaltung und Rechtspflege in Bayern (BayFHVRG) in der Fassung der Bekanntmachung vom 9. Oktober 2003 (GVBl S. 818), zuletzt geändert durch § 1 Nr. 61 VO zur Anpassung des LandesR an die geltende Geschäftsverteilung vom 22. 7. 2014 (GVBl S. 286)

[3] http://www.fhvr.bayern.de/de/wir-ueber-uns.html, aufgerufen am 24. Mai 2016

[4] http://www.fhvr.bayern.de/fileadmin/user_upload/fhvr/wir-ueber-uns/ 2014_Jahresbericht_FHVR.pdf, aufgerufen am 24. Mai 2016

reagierende Mitarbeiter für den öffentlichen Dienst heranzubilden" und „die Studenten zu befähigen, den Anforderungen von Studium und Praxis gerecht zu werden". Damit möchte die BayFHVR zu einer „rechtsstaatlichen, bürgerfreundlichen und kostenbewussten Verwaltung und Rechtspflege" beitragen.[5]

Die Zeppelin Universität gGmbH (ZU) ist eine private Stiftungsuniversität, die 2003 gegründet und staatlich anerkannt wurde. Sie ist vom Wissenschaftsrat seit 2009 institutionell akkreditiert und hat 2011 wiederum nach umfangreicher Evaluierung durch den Wissenschaftsrat das Promotions- und Habilitationsrecht (zunächst für einen fünfjährigen Zeitraum mit anschließender Überprüfung) vom Land Baden-Württemberg erhalten. Von Beginn an waren alle Studienangebote der Programmakkreditierung unterworfen; seit 2013 ist die Zeppelin Universität von AQUIN systemakkreditiert.[6] Die Finanzierung erfolgt durch eine Stiftung in privater Trägerschaft, die ihre Einnahmen aus Zuwendungen der institutionellen Hauptförderer (Zeppelin Stiftung, Zeppelin GmbH, ZF Friedrichshafen AG) sowie durch weitere private Sponsoren, durch Studiengebühren, wettbewerblich eingeworbene Drittmittel und aus wissenschaftlichen Dienstleistungen erzielt.[7] Zum 14. März 2016 verzeichnet sie rund 1200 Studierende im Bachelor-, Master- und Promotionsbereich, von denen etwa 320 in den PAIR-Programmen eingeschrieben sind. In den drei Fachbereichen für Wirtschaftswissenschaften, Kultur- und Kommunikationswissenschaften sowie Staats- und Gesellschaftswissenschaften sind – nahezu gleichverteilt – insgesamt 35 Vollprofessuren eingerichtet. Die ZU versteht sich als Universität zwischen Wirtschaft, Kultur und Politik, die sich der Interdisziplinarität, Internationalität und Individualität in Lehre und Forschung verschreibt.[8]

---

5 http://www.fhvr.bayern.de/fileadmin/user_upload/fhvr/wir-ueber-uns/Leitbild_mit_logo.pdf, aufgerufen am 24. Mai 2016

6 https://www.zu.de/universitaet/historie.php, aufgerufen am 24. Mai 2016

7 https://www.zu.de/universitaet/foerderer/foerderer.php, aufgerufen am 24. Mai 2016

8 https://www.zu.de/universitaet/mission.php, aufgerufen am 25. Mai 2016

3.1 Institutioneller Rahmen und Status

Die erste Dimension dieses Vergleichs betrachtet den institutionellen Status und das Ausbildungsumfeld der BayFHVR und der Zeppelin Universität, mit besonderem Fokus auf den rechtlichen Status der Institutionen und die akademische Ausrichtung. Die nachstehenden Ausführungen verdeutlichen vor allem die unterschiedlichen Aufsichts- und Regulierungsregime für die beiden Einrichtungen. Bei der internen Fachhochschule ist die ministerielle Aufsicht zentral und reicht weit in die Bereiche hinein, die an wissenschaftlichen Hochschulen regelmäßig der akademischen Selbstverwaltung zugewiesen sind. Bei der Privatuniversität ist neben dem eigenen Stiftungsrat vor allem die Ausrichtung an wissenschaftlichem „Peer-Review" (zum Teil auch im „Schatten der Hierarchie") durch den Wissenschaftsrat, durch externe Regulierungs- bzw. Akkreditierungsagenturen (für die Programm- und Systemakkreditierung) sowie durch fachöffentliche Diskurse und Rankings zu beachten.

Die BayFHVR ist, wie oben geschildert, eine dem bayerischen Finanzministerium unmittelbar nachgeordnete Behörde, da letzterem die Grundsatzfragen des Öffentlichen Dienstes in Bayern obliegen. Da an den sechs Fachbereichen insgesamt elf Studiengänge verschiedener Fachrichtungen angeboten werden, unterstehen die jeweiligen Fachrichtungen inhaltlich zudem der Aufsicht des entsprechenden Ministeriums. Für den größten Fachbereich der allgemeinen inneren Verwaltung ist daher mit Blick auf die inhaltliche Ausgestaltung das Staatsministerium des Innern, für Bau und Verkehr aufsichtlich zuständig.

Blickt man auf die akademische Ausrichtung der Studiengänge, so wird deutlich, dass es sich um eine Bedarfsausbildung handelt. Dies wird bei der Auswahl, Einstellung und Ausbildung der Studierenden sowie den Aufsichtsformen der Hochschule deutlich. Die BayFHVR ist daher eher ein „internes Ausbildungsinstitut" als eine Professional School oder gar eine Universität mit freier akademischer Lehre und Forschung.[9] Die BayFHVR hat nämlich weder auf die Auswahl der Studierenden Einfluss, noch kann sie ihre akademische Ausrichtung frei bestimmen. Ein direkter Zugang von Studierenden zur BayFHVR ist nicht vorgesehen. Vielmehr setzt das Studium regelmäßig eine Einstellung als Beamtin/Beamter in der dritten Qualifikationsebene (vormals gehobener Dienst) voraus, nachdem ein landeseinheitliches Auswahlverfahren des Bayerischen Landespersonalausschuss durchlaufen wurde.[10] Die Aufstellung der Studienpläne bedarf der Zustimmung des zuständigen Staatsministeriums (Art. 9 Abs. 2 Satz 3 BayFHVRG). Die Einrichtung von Masterstudiengängen ist der BayFHVR gem. Art. 19 Abs. 1 Satz 1 BayFHVRG Masterstudiengänge nur „zur Erprobung" ermöglicht.

Die ZU hat als private Stiftungsuniversität mit staatlicher Anerkennung, Promotions- und Habilitationsrecht sowie Systemakkreditierung vergleichsweise große akademische Freiheiten, sowohl in Lehre und Forschung als auch bei der institutionellen Ausrichtung und in organisatorischen Fragen. Wichtig ist in diesem Zusammenhang vor allem, dass die ZU über die Auswahl und Aufnahme von Studierenden – in einem mehrstufigen Verfahren und nach persönlichen Auswahlgesprächen – selbst entscheidet. So wird die Auswahl letztlich nach einem zweitägigen Auswahlverfahren von einer vierköpfigen Kommission (in der stets auch externe Praktiker und ZU-Studierende vertreten sind) getroffen. Ein Studium an der ZU ist mit Studiengebühren verbunden, die von fast zwei Dritteln der Studierenden mit einem Bildungskredit finanziert werden.[11] Alle 14 Studienprogramme sind

---

[9] Das wird prima facie bereits daran deutlich, dass sie nicht unter das Bayerische Hochschulgesetz fällt, sondern de jure als gleichwertig (Art. 1 Abs. 6 BayFHVRG) erklärt wird.

[10] http://www.fhvr.bayern.de/de/studium/zugang.html, aufgerufen am 24. Mai 2016

[11] Ein vierjähriger Bachelor ist mit 31.200 Euro Kosten verbunden, ein zweijähriger Master mit 16.600 Euro. https://www.zu.de/studium-weiterbildung/das-studium/stipendien-finanzierung/index.php?navid=433326433326, aufgerufen am 25. Mai 2016

als „forschungsorientiert" akkreditiert und schneiden in bundesweiten Rankings überdurchschnittlich ab.[12]

Ein wesentlicher institutioneller Unterschied zwischen beiden Einrichtungen besteht – vor allem mit Blick auf die weiteren Fragen der Studieninhalte und der Lehrphilosophie – darin, dass sich die hauptamtlichen Lehrenden an der ZU – als professorale Mitglieder oder akademischer „Mittelbau" – den wissenschaftlichen Fachgemeinden zugehörig und verpflichtet fühlen und zu diesem Zweck auf zusätzliche Ressourcen (wie Forschungsunterstützung etc.) und rechtliche Ansprüche (z. B. der Freiheit in Forschung und Lehre) zurückgreifen können. Für die hauptamtlich Lehrenden an der BayFHVR trifft dies, wenn überhaupt, nur in deutlich geringerem Maße zu, zumal die Fachhochschule bewusst auf die Verknüpfung zwischen Praxis und Ausbildung abhebt.

3.2 Curriculum und Studieninhalte

Mit Blick auf die Studieninhalte werden im Folgenden zwei konkrete Studiengänge verglichen und zwar das Studium zum „Diplom-Verwaltungswirt (FH)" an der BayFHVR (Fachbereich Allgemeine Innere Verwaltung in Hof) sowie der „Bachelor of Arts Politics, Administration & International Relations" (PAIR) der Zeppelin Universität in Friedrichshafen. Die Studiengänge weisen deutlich unterschiedliche fachliche Profile auf (Rechtsanwendung vs. sozialwissenschaftliche Analyse) und sind auf grundsätzlich unterschiedliche Rationalitäten gegründet. Der Fachbereich Allgemeine Innere Verwaltung bereitet die bereits in einem Beamtenverhältnis stehenden Studierenden auf eine Qualifikationsprüfung im Sinne einer Laufbahnberechtigung vor. Der PAIR-Studiengang an der Privatuniversität muss dagegen aus sich heraus so attraktiv sein, dass gebührenpflichtige Studierende angezogen werden können, die eine vielseitig verwendbare wissenschaftliche und be-

---

[12] https://www.zu.de/universitaet/news/2015-05-05-che-hochschulranking-2015-16.php, aufgerufen am 25. Mai 2016

rufliche Qualifikation als Wissenschafts- oder Führungsnachwuchs erwarten.

Der Studiengang „Diplom-Verwaltungswirt (FH)" ist in einen berufspraktischen und einen fachtheoretischen Teil aufgegliedert (§ 2 Abs. 1 Satz 1 FachV-nVD[13]), wobei das berufspraktische Studium 15 Monate, das fachtheoretische Studium 21 Monate beansprucht (§42 Abs. 1 FachV-nVD), also in summa eine dreijährige Ausbildung. Der Inhalt des Studiums wird in min. 2200 Lehrstunden vermittelt (§ 42 Abs. 1 Satz 2 FachV-nVD) und ist in die drei Studienfachgruppen Recht (50% der Lehrstunden), Wirtschafts- und Finanzlehre (19% der Lehrstunden) sowie Verwaltungslehre (12% der Lehrstunden) aufgeteilt (§ 43 FachV-nVD). Hinzukommen teilweise fächerübergreifende Übungen und eigenständige Leistungen (zwei Projektarbeiten und eine Diplomarbeit) mit 11% der Lehrstunden. Die verbleibenden 8% der Lehrstunden sind für Leistungsnachweise, i.d.R. in Form von Übungsklausuren, und die Prüfung vorgesehen.[14] Es zeigt sich der Natur eines dualen Studiums gemäß eine starke Fokussierung auf berufliche Inhalte, mit einer recht monodisziplinären Ausrichtung auf juristische Fachkenntnisse, die mit über 50% die Studieninhalte dominieren. Der Anteil der wirtschaftswissenschaftlichen Schulung hat sich im Zuge der New Public Management-Reformen (vgl. dazu Reichard & Röber, 2001) etabliert, während hingegen politikwissenschaftliche Grundlagen (z.B. in Form einer Thematisierung des Verhältnisses von Kommunalpolitik und Verwaltung) oder sozialwissenschaftliche Lehrinhalte eher Randthemen im Rahmen der Fachgruppe „Verwaltungslehre" sind.

---

[13] Verordnung über den fachlichen Schwerpunkt nichttechnischer Verwaltungsdienst in der Fachlaufbahn Verwaltung und Finanzen (FachV-nVD) vom 25. Oktober 2011, zuletzt geändert durch § 1 Nr. 101 VO zur Anpassung des LandesR an die geltende Geschäftsverteilung vom 22. 7. 2014 (GVBl S. 286)

[14] Die prozentualen Werte ergeben sich aus dem aktuellen Stoffverteilungsplan für den Studiengang 2016/2019; http://www.fhvr-aiv.de/fileadmin/user_upload/fhvr/studium/veroeffentlichungen/Stoffverteilungsplaene_gvD/stv1619.pdf, aufgerufen am 26. Mai 2016

Der Studiengang „B.A. Politics, Administration & International Relations" (PAIR) ist ein vierjähriges Bachelor-Programm, das in seiner Anlage auf den 2006 eingeführten und zunächst dreijährigen „Public Management & Governance"-Bachelor an der Zeppelin Universität zurückgeht. Die Umstellung auf vierjährige BA-Programme an der ZU bot die Chance, die internationale Ausrichtung weiter zu betonen und ausgewiesene Phasen für forschungsorientiertes Studieren einzuführen. Grundsätzlich ist das Studium in verschiedene Studienphasen eingeteilt. Die ersten beiden Semester bilden das „Zeppelin-Jahr", das eine interdisziplinäre Grundlage vermittelt und mit Veranstaltungen zur Wissenschaftstheorie und Methodenlehre auf die forschungsorientierte Lehre vorbereitet. Zudem werden drei verpflichtende Grundlagenseminare der Politikwissenschaft, der Verwaltungswissenschaft und der Rechtswissenschaft angeboten. Darüber hinaus besteht die interdisziplinäre Wahlmöglichkeit, drei weitere Kurse aus der Kommunikations- oder Kulturwissenschaft, Betriebs- oder Volkswirtschaftslehre oder Soziologie zu wählen. Darüber hinaus ist unter fachlicher Betreuung eine eigenständige Forschungsarbeit in einer Gruppe, das „Zeppelin-Projekt", zu erarbeiten. An das Zeppelin-Jahr schließt sich die Major-Phase (vom 3. bis 7. Semester) an, in der neben vier Pflichtmodulen (Politische Institutionen, Internationale Beziehungen, Politische Soziologie, Public Management) mindestens zwölf Lehrveranstaltungen (aus 26 Wahlpflichtangeboten) aus drei verschiedenen Vertiefungssträngen (den sog. „Tracks") (Managing Global Challenges & International Relations; Political Behavior & Decision Making; Public Management & Policy, Regulation & E-Government) zu absolvieren sind. Diese Vertiefungsstränge bilden damit die fachliche Schwerpunkte ab, die das Profil des Studiengangs prägen: die Perspektive auf internationale und europäische Zusammenhänge, das Verständnis für politische Entscheidungsprozesse und Institutionen sowie die Kompetenz für die Erfüllung öffentlicher Aufgaben und die Steuerung öffentlicher Organisationen. Im weiteren Verlauf die Möglichkeit, eine fachliche Vertiefung festzulegen, die im Rahmen eines „Humboldt-Jahres" (im 6. und/oder 7. Semester) mit einem studentischen Forschungsprojekt gefestigt werden kann. Während des Studiums sind zwei verpflichtende Praktika, davon mind. eines im Ausland zu absolvieren. Das abschließende achte Semester ist hauptsächlich der Bachelor-Thesis gewidmet. Über die interne Interdisziplinarität im PAIR-Studiengang hinaus besteht die Möglichkeit, einen Nebenfach- (oder sog. „Minor")-Abschluss in anderen Studiengängen der ZU (Wirtschaftswissenschaften, Kommunikations-/Kulturwissenschaften) zu erwerben.

3.3 Lehrphilosophie und pädagogischer Ansatz

Wie eingangs geschildert, gehen wir davon aus, dass nicht allein die Inhalte, sondern auch die Art und Weise, wie diese vermittelt werden, einen wesentlichen Einfluss auf die Qualifikation und die damit erworbenen beruflichen Werte und Rollenverständnisse haben werden. Grundsätzlich ist in der Hochschulbildung ein Trend zu beobachten, der immer weniger auf die bloßen „Unterrichtsstunden" abzielt, sondern zunehmend die „Eigenzeit" der Studierenden für Selbststudium, kritische Reflexion, Projektarbeit oder andere Formen des aktivierenden und forschenden Lernens berücksichtigt. So weitverbreitet dieser Trend auch ist, so deutlich verschieden sind doch die Akzente in unseren beiden Vergleichsfällen gesetzt.

Zentrale Zielvorstellungen sind für die Bayerische Fachhochschule für öffentliche Verwaltung und Rechtspflege ein „ständiges Anpassen der Theorie an die Praxis und ständiges Überdenken von Zielen und Aufgaben" und eine „Gestaltung der Lehre und Fortbildung [...] nach aktuellen lernpsychologischen und pädagogischen Erkenntnissen".[15] Blickt man daraufhin in die aktuelle Version des Studienplans[16] stellt man fest, dass bei der Beschreibung der Veranstaltungen als Lehrmethoden in aller Regel zunächst die Vorlesung bzw. das Lehrgespräch, zweitrangig die Eigenarbeit im Sinne der Übung an Fallbeispielen und an dritter Stelle die Gruppen- bzw. Teamarbeit

---

[15] Siehe Leitbild S. 2 f., a.a.O. (vgl. Fußnote 5)

[16] Siehe insbesondere die Seiten 9-72 des Studienplans, Quelle: http://www.fhvr-aiv.de/fileadmin/user_upload/ fhvr/studium/veroeffentlichungen/Studienplaene_gvD/Teil_I_2016.pdf, aufgerufen am 25. Mai 2016

steht. Mit Blick auf die Lernziele[17] wird deutlich, dass im Wesentlichen Reorganisations- und Transferwissen vermittelt werden soll. Nur in seltenen Fällen wird kritische Analysekompetenz bzw. eigenständiges problemlösendes Denken vermittelt, Lehrinhalte werden somit in der Regel nicht mit der Absicht des wissenschaftlichen Diskurses, sondern mit Blick auf die praxisnahe Verwertbarkeit vermittelt. Diese hauptsächliche Konzentration auf vorlesungstypische Wissensvermittlung hat den Vorteil, dass große Mengen an Lehrinhalten in verhältnismäßig kurzer Zeit vermittelt werden können. Als nachteilig bleibt aber die kaum bis allenfalls mäßig verfolgte Förderung von reflektiertem Denken, problemlösendem Analysieren oder gar kritischem Hinterfragen zu konstatieren. Damit geht auch eine eher stundenplanmäßig orientierte, schulische Lehrkultur einher; in Studiengruppen von 15-30 Studierenden werden die Inhalte häufig in frontaler, teilweise diskursiver Unterrichtsform vermittelt. Hingegen bestehen Gelegenheiten zum explorativen Lernen und Erforschen einer Thematik kaum, da im vorgesehenen Selbststudium vielmehr das Wiederholen und Üben im Vordergrund steht. Schematisches Transferdenken ist zwar gerade im Zusammenhang mit der überwiegend juristischen Fokussierung der Lehrinhalte eine wichtige Kompetenz, aber auch nur eine Seite der Medaille der Verwaltungsarbeit. Soziale Kompetenzen sind nur Randthemen der Fachgruppe Verwaltungslehre. Wahlfreiheit über Studieninhalte kommt den Studierenden quasi gar nicht zu. Zum einen ist eine Anwesenheit in den Lehrveranstaltungen verpflichtend (§ 3 Satz 2 FachV-nVD), zum anderen ist der Studienplan klar vorgegeben; nur im Rahmen der Projekte und der Diplomarbeit besteht eine thematische Wahlmöglichkeit. Auch eine Schwerpunktsetzung im Rahmen des Studiums ist nicht vorgesehen. Die praktischen Ausbildungsinhalte sind ausschließlich im Verwaltungsbereich angesiedelt und zwar überwiegend bei der jeweiligen Ausbildungsbehörde, die die Beamtin oder den Beamten auf Widerruf ernannt hat.

Als Privatuniversität, die sich von Beginn an der externen Programmakkreditierung beteiligte, musste sich die ZU früh damit auseinandersetzen, stu-

---

17 Vgl. Seite 6 des Studienplans zur Erläuterung und dann S. 9-72, a.a.O. (vgl. Fußnote 16)

dentische Freiräume anzubieten und sich zugleich von der Frontalvorlesung der Massenuniversität und von den neuen möglichen Verschulungstrends durch die sog. Bologna-Reformen abzugrenzen. Daher steht die seminaristische Lehrveranstaltung im Kern des Studienangebots. Den Stil einer partizipativen Universität versucht die ZU in der alltäglichen Umsetzung mit kleinen Seminaren (regelmäßig 20-25 Studierende) statt Vorlesungsformaten umzusetzen, die von einer starken Fokussierung auf studentische Forschung und dem individuellen „Tandemcoaching" (ein Coach aus der Praxis und einer aus der Wissenschaft pro Studierender) begleitet werden. Neben der oben bereits geschilderten Wahlfreiheit im Rahmen des Curriculums haben die Studierenden zudem die Möglichkeit, eigene Themen als Seminare mit internen und/oder externen Dozenten zu organisieren, sofern sie zehn oder mehr Kommilitonen für die Konzeption gewinnen können (sog. Student Studies). Dabei wird ein besonderer Wert auf Eigeninitiative und exploratives Lernen auch im Rahmen von internationaler Orientierung gelegt. Auf soziale Kompetenzen wird bei all diesen Aktivitäten, bei der studentischen Beteiligung an der Selbstverwaltung und einer Vielzahl studentischer Initiativen besonderer Wert gelegt.[18] Es bestehen also vielfältige Wahl- und Spezialisierungsmöglichkeiten, ob curricularer Art oder im Rahmen studentischer Forschung. Mit Blick auf die berufliche Bildung werden neben Einstiegsmöglichkeiten über das universitäre Talentcenter oder die universitätseigene Karrieremesse im Workshop-Format insbesondere über die verpflichtenden Praktika (jeweils eines im Inland und Ausland) auch eine praktische Anbindung sichergestellt.

4 Zusammenfassung und Schlussbetrachtung

Im Anschluss an die bisherigen Ausführungen lassen sich die – nicht zufällig – ausgewählten Vergleichsfälle nochmals gegenüberstellen, wobei es we-

---

[18] https://www.zu.de/mediathek/flipbook/2015/studentisches-engagement-2016.php, aufgerufen am 25. Mai 2016

niger um den direkten Vergleich zweier Bildungsinstitutionen geht, sondern vielmehr um die Gegenüberstellung zweier grundsätzlich unterschiedlicher Antworten auf die Frage: Zu welchem Ende lehrt und studiert man Verwaltungswissenschaft. Die angefügte Übersicht fasst die wesentlichen Vergleichsaspekte nochmals zusammen.

Vergleichsdimension	BayFHVR	ZU
Institutioneller Rahmen	Nachgeordnete Behörde des Finanzministerium; Charakter eines „internen Ausbildungsinstitut"	Private Stiftungsuniversität; Charakter der forschenden Universität
Studieninhalte	Überwiegend juristisch geprägt; Fokus auf Berufsvorbereitung	multi-/interdisziplinäre Ausrichtung; akademische Forschungsorientierung
Lehrphilosophie	Frontales Lehrgespräch; Üben von Transferwissen; keine Wahlfreiheit	Diskussions-/ Reflexionsformate; exploratives Lernen; Wahlfreiheit

Tabelle: Vergleichsaspekte, gegliedert nach drei Dimensionen

Eine abschließende Betrachtung wird sich natürlich auch fragen müssen, welche Vor- und Nachteile mit diesen Ansätzen verbunden sind. Der klassische verwaltungsinterne Ausbildungsansatz kann für sich reklamieren, dass bereits eine klare Berufs- und Laufbahnperspektive angeboten wird. Typisch für die Dualität der berufspraktischen und fachtheoretischen Ausbildung ist zudem die enge Verknüpfung mit der Verwaltungspraxis, die für eine gute

Sozialisierung in etablierte Organisationskulturen spricht. Die Kontinuität und Stabilität der Verwaltungspraxis kann somit durchaus gefördert werden. Nahezu umgekehrt verhält es sich mit dem zweiten Ansatz, der einen höheren Grad der Akademisierung und der Offenheit in fachlicher und beruflicher Hinsicht verspricht. Es wird damit keine direkte Zugangsberechtigung für eine bestimmte Laufbahn bei einem „Dienstherrn" erworben; es wird voraussichtlich eine flexiblere Karriere mit Arbeitgeber- und Sektorenwechseln zu erwarten sein und es müssen Einarbeitungszeiten für den Transfer von Analyse- und Orientierungskompetenz auf konkrete Praxisanwendungen gewährt werden. Im Gegenzug bietet dieser Ansatz, wie ihn die Zeppelin Universität im PAIR-Programm verfolgt, eine höheres Innovationspotential durch Analysekompetenz und Kritikfähigkeit, eine breitere Verwendbarkeit für den Führungsnachwuchs und einen Anreiz zur Selbstselektion für jene, die individuelle Selbstentfaltung und Leistungsbereitschaft vor unmittelbare materielle Absicherung setzen.

Quellenverzeichnis

Reichard, C., & Röber, M. (2001). Konzept und Kritik des New Public Management. In E. Schröter (Hrsg.), Empirische Policy- und Verwaltungsforschung (S. 371-392). Opladen: Leske + Budrich

Schröter, E., & Röber, M. (2015). Values, Competencies, and Public Sector Training: The Value Base of Administrative Modernization

▸ Prof. Dr. Eckhard Schröter, Professor für Verwaltungswissenschaft, insbes. Verwaltungsmodernisierung und Akademischer Programmleiter der Bachelor- und Master-Studiengänge „Politics, Administration & International Relations" (PAIR), Zeppelin Universität Friedrichshafen, eckhard.schroeter@zu.de

- Florian Keppeler, Diplom-Verwaltungswirt (FH), Studierender des Masterstudiengangs „Politics, Administration & International Relations" (PAIR), Zeppelin Universität Friedrichshafen, f.keppeler@zeppelin-university.net

Aufbau von Weiterbildungsstudiengängen als wesentliche Säule attraktiver Ausbildungsangebote am Beispiel des Masters Europäisches Verwaltungsmanagement

Florian T. Furtak

Hochschule für Wirtschaft und Recht Berlin

1 Einführung

Der vorliegende Beitrag sortiert zunächst die verschiedenen Formen von Weiterbildung, definiert den Begriff wissenschaftliche Weiterbildung und geht sodann auf die Frage ein, warum wissenschaftliche Weiterbildung immer mehr an Bedeutung gewinnt. Wie Hochschulen ihre Weiterbildungsaktivitäten stärken können und was ganz konkret beim Aufbau und beim Betrieb von Weiterbildungsstudiengängen beachtet werden muss, ist Gegenstand der weiteren Ausführungen. Am Beispiel der Hochschule für Wirtschaft und Recht Berlin (HWR Berlin) und des dort neu gegründeten Instituts für Weiterbildung wird aufgezeigt, wie Hochschulen ihre Weiterbildungsangebote bündeln und organisieren können. Abschließend wird der an der HWR Berlin im Fernstudienformat angebotene weiterbildende Masterstudiengang Europäisches Verwaltungsmanagement, der vom Autor dieses Beitrages geleitet wird, vorgestellt.

2 Begriffsbestimmungen

Es gibt zahlreiche Definitionen des Begriffs Weiterbildung. Die zentrale Definition stammt vom Deutschen Bildungsrat aus dem Jahr 1970. Demnach ist Weiterbildung die „Fortsetzung oder Wiederaufnahme organisierten Lernens nach Abschluss einer verschiedenartig ausgedehnten ersten Bildungs-phase".[1] Weiterbildung gibt es in unterschiedlichen Ausprägungen: im Rahmen der allgemeinen und politischen Weiterbildung geht es um Weiter-bildungsangebote, die nicht direkt berufsbezogen sind, wie z. B. Sprachkur-se, Kurse zu Medienkompetenz oder Teamfähigkeit (sog. „Schlüsselkompe-tenzen"). Bei der beruflichen Weiterbildung werden Kurse zur Vertiefung oder Ergänzung beruflicher Kenntnisse angeboten. Schließlich kennen wir die wissenschaftliche Weiterbildung an Hochschulen, die Gegenstand dieses Beitrages ist.[2] Eine weit verbreitete Definition von wissenschaftlicher Wei-terbildung stammt von der Kultusministerkonferenz (KMK). Der zufolge ist wissenschaftliche Weiterbildung „die Fortsetzung oder Wiederaufnahme organisierten Lernens nach Abschluss einer ersten Bildungsphase und in der Regel nach Aufnahme einer Erwerbs- oder Familientätigkeit, wobei das wahrgenommene Weiterbildungsangebot dem fachlichen und didaktischen Niveau der Hochschule entspricht."[3] Auch die Deutsche Gesellschaft für wissenschaftliche Weiterbildung und Fernstudium (DGWF) verwendet die-se Definition.[4]

---

[1] Deutscher Bildungsrat (1970): Strukturplan für das Bildungswesen, Stuttgart, S.197
[2] Vergara-Gomez, S. (2011): Erfolgsfaktoren von Weiterbildungsstudiengängen, Kassel, S. 14 f.
[3] Konferenz der Kultusminister der Länder in der Bundesrepublik Deutschland (2001): Sachstands- und Problembericht zur „Wahrnehmung wissenschaftlicher Weiterbildung an den Hochschulen", Beschluss der Kultusministerkonferenz vom 21.09.2001, S. 2. Verfügbar unter:
http://www.kmk.org/fileadmin/Dateien/veroeffentlichungen_beschluesse/2001/2001_09_21-Problembericht-wiss-Weiterbildung-HS.pdf (15.05.2016)
[4] Vgl. Graeßner, G./Bade-Becker, U./Gorys, B. (2011): Weiterbildung an Hochschulen, in: Tippelt, R./von Hippel, A. (Hrsg): Handbuch Erwachsenenbildung/Weiterbildung, 5. Aufl. Wiesbaden, S. 544

3 Bedeutung wissenschaftlicher Weiterbildung

Erstmals Erwähnung fand die wissenschaftliche Weiterbildung im Hochschulrahmengesetz 1976. In einer Novelle 1998 wurde sie als Kernaufgabe der Hochschulen neben Forschung, Lehre und Studium festgeschrieben. Wissenschaftliche Weiterbildung hat in den letzten Jahren erheblich an Bedeutung gewonnen. Drei Gründe lassen sich hierfür anführen:

1. die aufgrund kürzerer Innovationszyklen bedingte **Notwendigkeit von Lebenslangem Lernen.** Früher reichte oft ein Studium als Grundlage für das gesamte Berufsleben aus. Heute müssen Qualifikationen auf den neuesten wissenschaftlichen und technologischen Stand gebracht, interdisziplinär ausgebaut und nicht selten auch um völlig neue Fertigkeiten und Fähigkeiten ergänzt werden.

2. die **Demographischen Entwicklung,** durch die ab 2020 weniger Studierende und damit auch Hochschulabsolventinnen und Hochschulabsolventen erwartet werden. Deshalb müssen Arbeitgeber künftig verstärkt auf die Weiterqualifizierung von Personen setzen müssen, die bereits im Arbeitsleben stehen. (Im ersten Halbjahr 2014 haben bereits 54 Prozent der deutschen Unternehmen in die Weiterbildung ihrer Mitarbeiterinnen und Mitarbeiter investiert.)[5]

3. die **Umstellung auf die gestufte Studienstruktur** im Rahmen des Bologna-Prozesses. Indem bereits Bachelorstudiengänge breite fachwissenschaftliche, methodische und überfachliche Kompetenzen vermitteln und mit ihnen ein erster berufsqualifizierender Abschluss erlangt wird, wird ein früher Berufseinstieg ermöglicht. Spezialisierungen und der Erwerb weiterer akademischer Grade können sich unmittel-

---

[5] Vgl. Borgwardt, A.(2016): Akademische Weiterbildung. Eine Zukunftsaufgabe für Hochschulen, in: Schriftenreihe der Friedrich-Ebert-Stiftung, Berlin, S. 5

bar an ein Bachelorstudium anschließen, können aber auch später, nach einer Phase erster Berufstätigkeit, erfolgen.[6]

Die Länder haben dem Bedeutungszuwachs der Weiterbildung Rechnung getragen und sie in den jeweiligen Hochschulgesetzen als dritte Säule neben Forschung und Lehre verankert. So z.B. Berlin in § 4 Abs. 4 BerlHG[7]: *„Die Hochschulen dienen dem weiterbildenden Studium und beteiligen sich an Veranstaltungen der Weiterbildung".* Darüber hinaus ist die Weiterbildung als Dienstaufgabe von Hochschullehrerinnen und Hochschullehrern gesetzlich verankert wie z.B. in Berlin in § 99 Abs. 4 BerlHG: *„Zu den hauptberuflichen Aufgaben der Hochschullehrer und Hochschullehrerinnen gehören je nach den ihrer Hochschule obliegenden Aufgaben insbesondere auch die (…) Mitwirkung an Weiterbildungsveranstaltungen der Hochschule."* Allerdings finden sich in den Landeshochschulgesetzen unterschiedliche Begriffe für die wissenschaftliche Weiterbildung: weiterbildender Studiengang, weiterbildendes Studium, Kontaktstudium, Zusatzstudium, Ergänzungsstudium, Aufbaustudium.[8]

In der Bundesrepublik Deutschland gibt es einer Erhebung des Hochschulkompasses der Hochschulrektorenkonferenz (HRK) zufolge 8.331 weiterführende Masterstudiengänge.[9] Diese unterteilen sich in konsekutive, nichtkonsekutive und weiterbildende Masterstudiengänge. **Konsekutive Masterstudiengänge** können direkt im Anschluss an einen Bachelorabschluss absolviert werden. Zwischen dem Bachelor und dem Master besteht ein fachlicher Zusammenhang, sie bauen inhaltlich aufeinander auf. **Nicht-konsekutive Masterstudiengänge** bauen nicht auf den vorangegangenen

---

[6] Hochschulrektorenkonferenz (2008): HRK-Positionspapier zur wissenschaftlichen Weiterbildung. Beschluss des 588. Präsidiums am 7.7.2008, S. 2 f. Verfügbar unter: https://www.hrk.de/uploads/tx_szconvention/Beschluss_Weiterbildung.pdf (15.05.2016)

[7] BerlHG: Berliner Hochschulgesetz

[8] Vgl. Shkonda, A. (2014): Konzipieren mit System: Wissenschaftliche Weiterbildung in Deutschland, Hamburg, S. 24

[9] Vgl. http://www.hochschulkompass.de/studium/rund-ums-studieren/studienabschluesse.html (21.05.2016). Master an internen Fachhochschulen sind hier nicht einberechnet.

Bachelorstudiengang auf. **Weiterbildende Masterstudiengänge** setzen nach einem ersten berufsqualifizierenden Hochschulabschluss qualifizierte berufspraktische Erfahrung von i.d.R. nicht unter einem Jahr voraus. Die Inhalte des weiterbildenden Masterstudiengangs sollen die beruflichen Erfahrungen berücksichtigen und an diese anknüpfen. Weiterbildende Masterstudiengänge entsprechen in den Anforderungen den konsekutiven Masterstudiengängen und führen zu dem gleichen Qualifikationsniveau und zu denselben Berechtigungen.[10] 1.134 der 8.331 weiterführenden Masterstudiengänge sind weiterbildend, was einer Quote von 13,6 Prozent entspricht. 2012 waren es noch 12 Prozent.[11] 467 (41 Prozent) von ihnen finden in Form des Fernstudiums statt. Wie beliebt Fernstudiengänge mittlerweile sind, zeigt eine Studie des Forum Distance Learning. Der zufolge haben in den letzten Jahren so viele Menschen wie noch nie an einem Fernlehrgang oder einem Fernstudium teilgenommen. Und der Trend hält weiter an: Allein an der Fern Universität Hagen studierten im Sommersemester 2015 mehr als 75.000 Menschen.[12]

4 Stärkung wissenschaftlicher Weiterbildung

Die staatlichen Hochschulen sind bislang auf dem Spielfeld der Weiterbildung nur schwach vertreten gewesen. Dabei ist die wissenschaftliche Weiterbildung im steten Wachsen begriffen und könnte zu einem neuen attraktiven Geschäftsfeld werden sowie gezielt für eine Profilierung der Hochschulen genutzt werden.[13] Die HRK hat folgende Empfehlungen ausgesprochen, wie Hochschulen wissenschaftliche Weiterbildung vorantreiben können:

---

[10] Vgl. Vergara-Gomez (2011), S. 37
[11] Vgl. Zervakis, Peter, A. (2012): Deutsche Hochschulen auf dem Weg zum individualisierten Angebot, in: HRK (Hg.): Projekt Nexus – Konzepte und gute Praxis für Studium und Lehre, Bonn, S. 83
[12] Vgl. http://www.forum-distance-learning.de/fernunterrichtstatistik (21.05.2016)
[13] Vgl. Borgwardt (2016), S. 7

- Einbettung in die Gesamtstrategie der Hochschule

- Entwicklung einer Strategie für wissenschaftliche Weiterbildung

- Qualitätssicherung

- Schaffung von Anreizen[14]

Die Einbettung in die Gesamtstrategie ist eine notwendige Voraussetzung, um Weiterbildung einen wichtigen Stellenwert im Gesamtgefüge der Hochschule einzuräumen. Umgesetzt werden könnte dies z.B. durch eine Verankerung der Weiterbildung im Leitbild der Hochschule, wie z.B. bei der HWR Berlin mit folgendem Wortlaut: *„Wir sind uns der zunehmenden Bedeutung lebenslangen Lernens bewusst, die sich aus demografischen und gesellschaftlichen Veränderungen, technologischen Entwicklungen und internationalem Wettbewerb ergibt. Deshalb engagieren wir uns weit überdurchschnittlich in akademischer Weiterbildung".*[15]

Darüber hinaus sollte eine Strategie für die wissenschaftliche Weiterbildung entwickelt werden. So könnten alle Weiterbildungsaktivitäten, die an verschiedenen Fachbereichen bzw. Fakultäten angesiedelt sind, auf eine Institution innerhalb der Hochschule konzentriert werden, so wie es z.B. die HWR Berlin mit der Gründung des Instituts für Weiterbildung gemacht hat. Zu überlegen ist ferner, ob aus Gründen der Profilbildung die Weiterbildungsangebote in Vollzeit/Teilzeit oder als Fernstudium angeboten werden. Möglich ist natürlich auch ein Mix.

Für den Erfolg und die Anerkennung von Weiterbildungsangeboten ist die Qualitätssicherung von großer Bedeutung. Weiterbildende Studiengänge sollten von einschlägigen Agenturen auf ihre Qualität hin überprüft und akkreditiert werden. Und schließlich gilt es für die in der Weiterbildung Lehrenden ausreichende Anreize zu schaffen. Hierzu gehören Deputatsent-

---

[14] HRK (2008), S. 7
[15] http://www.hwr-berlin.de/fileadmin/downloads_internet/hwr-berlin/portrait/leitbild/Leitbild_A4_web.pdf (15.05.2015)

lastungen beispielsweise für die Übernahme der wissenschaftlichen Leitung eines weiterbildenden Studiengangs. Attraktiv ist es für Lehrende, wenn sie die Auswahl haben zwischen einer Anrechnung der Weiterbildungstätigkeit auf ihr Lehrdeputat und der Abrechnung mit der Hochschule als bezahlte Nebentätigkeit. Ein weiterer Anreiz für eine Mitwirkung in der Weiterbildung könnte darin liegen, dass die Hochschule bei W-Besoldeten die Möglichkeit hat, mit der Gewährung von besonderen Leistungszulagen auch Weiterbildungsaktivitäten zu honorieren.

5 Aufbau und Betrieb von Weiterbildungsstudiengängen

Was ist ganz konkret beim Aufbau und beim Betrieb von Weiterbildungsstudiengängen zu beachten? Zunächst sollte eine Marktanalyse durchgeführt werden, um zu erkunden, ob es überhaupt einen Bedarf für einen bestimmten weiterbildenden Studiengang gibt. Sollte der Bedarf bejaht werden, müssen die Gebühren festgelegt werden. Hier ist eine sorgsame Abwägung vorzunehmen zwischen dem Erfordernis der Kostendeckung und der Attraktivität des Studiengangs, die auch durch maßvolle Gebühren bestimmt wird. Beachtet werden muss in jedem Fall die Verpflichtung, Studiengänge auch dann zu Ende zu führen, wenn die Teilnehmerzahlen einen wirtschaftlichen Betrieb nicht zulassen.

In die Berechnung der Gebühren müssen die Personal- und Sachkosten einfließen. Personalkosten entstehen durch das Immatrikulations- und Prüfungsamt sowie eine für das operative Geschäft des Studiengangs zuständige Stelle (Studiengangskoordination). Auch eine Marketingstelle ist wünschenswert. Sachkosten entstehen z.B. durch die Konzeption von Modulen oder durch die Entwicklung von Studienmaterialien, wie z.B. Lehrbriefen in Fernstudiengängen. Für den Erfolg des Studiengangs mitverantwortlich ist schließlich die Akquise der Lehrenden – ein guter Mix zwischen hauptamtlichen Professorinnen und Professoren und Lehrbeauftragten aus der Praxis ist anzustreben. Probleme könnten bei der Frage entstehen, wieviel Lehrka-

pazität aus den Fachbereichen bzw. Fakultäten für die Weiterbildung eingesetzt werden kann. Um diesem Problem zu entgehen, könnte an die Einstellung hauptamtlichen Personals gedacht werden, das nur im Bereich der
Weiterbildung tätig ist.[16]

6 Weiterbildung an der HWR Berlin

Viele Jahre existierten an der HWR Berlin mit dem Institut für Management
Berlin (IMB) am Standort Schöneberg und dem Fernstudieninstitut (FSI) am
Standort Lichtenberg zwei sog. Zentralinstitute an denen Weiterbildungsstudiengänge angeboten wurden. Initiiert durch die Hochschulleitung setzte
2014 ein Diskussionsprozess mit dem Ziel der Fusion beider Institute ein.
Durch eine Zusammenlegung der Weiterbildungsangebote sollten Synergie-
effekte erzielt und eine Stärkung des Weiterbildungsprofils der Hochschule
erreicht werden. Im Oktober 2015 trat die Fusion zum Institut für Weiterbildung Berlin (IWB) in Kraft. Geleitet wird das IWB von einem Direktor (Stel-
lenprofil vergleichbar einem Dekan) sowie einer stellvertretenden Direkto-
rin. Entscheidungen trifft der Institutsrat. Er besteht im Wesentlichen aus
Hochschullehrerinnen und Hochschullehrern, die sich in der Weiterbildung
engagieren. Das operative Geschäft wird von jeweils einer hauptamtlichen
Geschäftsführerin pro Standort sowie den jeweiligen Studiengangskoordina-
torinnen wahrgenommen.[17] In Schöneberg werden im Präsenzstudium acht
Masterprogramme angeboten, davon einer, der Master of Business Administration (MBA) mit sieben Spezialisierungen (drei in Voll-, vier in Teilzeit).
Am Standort Lichtenberg sind vier Fernstudiengänge auf Masterniveau und
einer auf Bachelorniveau für Verwaltung, Wirtschaft und Recht angesiedelt.

---

[16] Vgl. Kuhlenkampf, D. (2005): Universitätsinterne Bedingungen für die Weiterbildung, in:
      Jütte, W./Weber, K. (Hrsg.): Kontexte wissenschaftlicher Weiterbildung. Entstehung und
      Dynamik von Weiterbildung im universitären Raum, Münster u.a.: Waxmann, S. 87 f.
[17] Siehe zu dieser Thematik Graeßner u.a. (2011), S. 552

Dies sind der:

- **M.A. Europäisches Verwaltungsmanagement**,

- M.A. Master Public Administration,

- M.A. Master Sicherheitsmanagement,

- M.A. Master Betreuung/Vormundschaft/Pflegschaft,

- B.A. Öffentliche Verwaltung.

7 Der Master Europäisches Verwaltungsmanagement

Beim Master Europäisches Verwaltungsmanagement (EVM) handelt sich um einen seit über 15 Jahren existierenden weiterbildenden Studiengang, der berufsbegleitend im Fernstudienformat für die Dauer von fünf Semestern (inkl. Prüfungssemester) angeboten wird und von der Agentur AQUIN bis 2019 akkreditiert ist. Die Zielgruppe sind Mitarbeiter/innen des gehobenen und höheren Dienstes und vergleichbare Angestellte. Jedes Jahr wird eine Exkursion nach Brüssel zu den europäischen Institutionen durchgeführt. Einmal im Semester findet im Rahmen des Europapolitischen Forums ein Vortrag einer renommierten Persönlichkeit statt.

Der Studiengang zielt auf die Vermittlung der Kompetenzen, Kenntnisse und Fertigkeiten ab, die für ein modernes, sich immer stärker in europäischen Kontexten und Zusammenhängen vollziehendes Verwaltungshandeln, unabdingbar sind. Seine Einrichtung basiert darauf, dass der Öffentliche Dienst mit dem Fortschreiten der europäischen Integration in zunehmendem Maße Personal benötigt, das über eine europäisch fundierte Ausbildung verfügt und in europäischen Zusammenhängen denken und handeln kann.[18] Der steigende Bedarf an einer europäisch orientierten Ausbildung für die Berufsfelder des öffentlichen Sektors ergibt sich schon daraus, dass das Verwaltungshandeln in großem Maß durch Europäisches Recht bestimmt wird. Nach Schätzungen gehen bereits mehr als 80 Prozent aller Gesetze, die in den Mitgliedstaaten der EU verabschiedet werden, auf EU-Rechtsetzungsakte zurück, die in den einzelnen Staaten entweder unmittelbar gelten (Verordnungen) oder umgesetzt werden müssen (Richtlinien). Mit der Ausweitung der Kompetenzbereiche der EU sind mittlerweile fast alle Politikbereiche mehr oder weniger stark betroffen.[19]

---

[18] Sowohl der Berliner Senat als auch die brandenburgische Landesregierung haben bereits Ende der 90er Jahre beschlossen, die Europafähigkeit ihrer Landesbediensteten zu verbessern. Der Studiengang ist u.a. Bestandteil der Berliner Strategie zur Verbesserung der Europafähigkeit. Vgl. Senatsbeschluss des Landes Berlin Nr. 788/97 vom 29.04.1997, Protokoll der Europaministerkonferenz vom 30.05.1996, Furth-Riedesser, Rafael: Anforderungen des Integrationsprozesses an die EG-bezogene Aus- und Fortbildung im Bereich der Senatsverwaltungen. Eine Studie im Auftrag der Fachhochschule für Verwaltung und Rechtspflege Berlin, Berlin, November 1993.

[19] Vgl. Furtak, F.T. (2014): Kompetenz für Europa: Die Bedeutung des EU-Rechts für die Ausbildung im Öffentlichen Dienst, in: Lück-Schneider, Dagmar/Kraatz, Erik (Hrsg.): Kompetenzen für ein zeitgemäßes Public Management. Herausforderungen für Forschung und Lehre aus interdisziplinärer Sicht. Zum 25 Jubiläum der Glienicker Gespräche, Berlin: edition sigma, S. 58.

Semester	Modul	
1. Semester	M 1	Historische Entwicklung und Grundlagen der EU
	M 2	Politisches System und Haushalt der EU
	M 3	Rechtliche Integration in der EU
2. Semester *(ggf. Abgabe Transfer- bericht; Wahl Modul 7 A oder 7 B)*	M 4	Politik im Mehrebenensystem der EU
	M 5	Regierungs- und Verwaltungshandeln der EU-Mitgliedstaaten im Vergleich
	M 6	Europäische Wirtschafts- und Währungspolitik
3. Semester *(Nachweis Englisch- test, Wahl des Wahl- schwerpunktes)*	M 7	Personalmanagement (7A)/Interkulturelles Projektmanagement (7B)
	M 8	Europäische Kohäsions- und Förderpolitiken
	M 9	(New) Public Management und Governance in der EU
4. Semester	**Wahlschwerpunkt 1: Recht und Politik**	
	M 10	Anwendung und Kontrolle des EU-Rechts
	M 11	Politische Herausforderungen der EU
	Wahlschwerpunkt 2: Verwaltung und Management	
	M 12	Europäische Förderpraxis
	M 13	Regulation, Accountability and Financial Management in the EU
5. Semester	Mas- ter- phase	Schriftliche Abschlussarbeit (4 Monate)
		Mündliche Abschlussprüfung

Tabelle: Studienplan Master EVM

Einschlägig ausgebildetes Personal ist auch deshalb erforderlich, um die Interessen der Bundesrepublik Deutschland effektiv in den europäischen Entscheidungsprozess einbringen zu können und eine qualifizierte deutsche Präsenz in EU-Institutionen sicherzustellen. Darüber hinaus benötigen auch die Bundesländer genügend europabezogene Kompetenz, um die ausgebauten Beteiligungsrechte des Bundesrats gegenüber der Bundesregierung sachkundig wahrnehmen zu können. Schließlich wird europaorientiert ausgebildetes Personal insbesondere in den Städten und Gemeinden zur Beantragung, Administration und regelkonformen Ausschöpfung der europäischen Fördermittel benötigt.

Dazu passt, dass sich die Studierenden mit der Wahl des Studiengangs einen Wechsel in ein anderes Arbeitsgebiet mit interessanteren Tätigkeiten versprechen. Damit verbunden wünschen sie sich aber auch einen Karriereschub und ganz konkret – und dies ist der Hauptgrund – den beruflicher Aufstieg in den höheren Dienst. Zahlreiche Absolventinnen und Absolventen haben dieses Ziel erreicht. Zum Erwerb des Masters müssen elf prüfungsrelevante Leistungen (Klausuren, Einsendeaufgaben, Projektarbeiten, mündliche Prüfungen) sowie ein englischer Sprachtest mit dem Niveau B2 (bis Ende 3. Semester) erbracht werden. Im 4. Semester erfolgt eine Spezialisierung, im 5. Semester wird eine Masterarbeit geschrieben und eine mündliche Prüfung (Verteidigung) abgelegt. Denjenigen Studierenden, denen für den Erwerb des Masters noch 30 Leistungspunkte fehlen, können diese entweder durch einen Reflexionsbericht aus der beruflichen Praxis oder durch eine Kombination eines Praktikums im europäischen Ausland mit einer Exkursion nach Brüssel und einer europabezogenen Summerschool erwerben.

Der Studiengang EVM setzt auf die Kombination verschiedener Lernmethoden, -theorien und -medien. Mit Hilfe des integrierten Lernkonzepts, das dem sogenannten „Blended-Learning"-Ansatz folgt, werden didaktisch sinnvoll „klassische" Präsenzveranstaltungen mit modernen Formen des E-Learning verknüpft. Die Präsenzphasen räumen dem Erfahrungsaustausch, interaktiven Rollenspielen und persönlichen Begegnungen eine zentrale Rolle ein. Sie werden insbesondere dazu genutzt, erworbenes Wissen punktuell zu vertiefen sowie personale, handlungs- und umsetzungsorientierte Kompetenzen gezielt weiterzuentwickeln. Die internetbasierte Lernplattform Moodle bietet in der Selbstlernphase während des Fernstudiums vor allem Effizienz, Flexibilität sowie schnelle Kommunikation und Vernetzung. Mit dem erfolgreichen Beenden des Studiengangs erwerben die Studierenden einen anerkannter akademischen Abschluss, der zugleich als eine Voraussetzung für eine mögliche Promotion dienen kann.

8 Fazit

Diese Prognose darf gewagt werden: Wissenschaftliche Weiterbildung wird weiter an Bedeutung gewinnen. Je früher sich die Hochschulen dieser Herausforderung stellen und Weiterbildungsstudiengänge mit entsprechenden Strukturen aufbauen, desto besser. In der Hochschule der Zukunft wird Weiterbildung eine wesentliche Säule einer attraktiven Ausbildung sein (müssen).

Quellenverzeichnis

Borgwardt, Angela (2016): Akademische Weiterbildung. Eine Zukunftstaufgabe für Hochschulen, in: Schriftenreihe Hochschulpolitik der Friedrich-Ebert-Stiftung, Berlin

Deutscher Bildungsrat (1970): Strukturplan für das Bildungswesen, Stuttgart

Furtak, F. T. (2014): Kompetenz für Europa: Die Bedeutung des EU-Rechts für die Ausbildung im Öffentlichen Dienst, in: Lück-Schneider, Dagmar/Kraatz, Erik (Hrsg.): Kompetenzen für ein zeitgemäßes Public Management. Herausforderungen für Forschung und Lehre aus interdisziplinärer Sicht. Zum 25 Jubiläum der Glienicker Gespräche, Berlin: edition sigma, S. 55-68

Graeßner, G./Bade-Becker, U./Gorys, B. (2011): Weiterbildung an Hochschulen, in: Tippelt, R./von Hippel, A. (Hrsg): Handbuch Erwachsenenbildung/Weiterbildung, 5. Aufl. Wiesbaden: Springer VS, S. 543-556

Hochschulrektorenkonferenz (2008): HRK-Positionspapier zur wissenschaftlichen Weiterbildung. Beschluss des 588. Präsidiums am 7.7.2008

Konferenz der Kultusminister der Länder in der Bundesrepublik Deutschland (2001): Sachstands- und Problembericht zur „Wahrnehmung wissenschaftlicher Weiterbildung an den Hochschulen", Beschluss der Kultusministerkonferenz vom 21.09.2001

Kuhlenkampf, D. (2005): Universitätsinterne Bedingungen für die Weiterbildung, in: Jütte, W./Weber, K. (Hrsg.): Kontexte wissenschaftlicher Weiterbildung. Entstehung und Dynamik von Weiterbildung im universitären Raum, Münster u.a.: Waxman, S. 81-92

Shkonda, A. (2014): Konzipieren mit System: Wissenschaftliche Weiterbildung in Deutschland, Hamburg: Disserta Verlag

Vergara-Gomez, S. (2011): Erfolgsfaktoren von Weiterbildungsstudiengängen, Kassel: University Press

Zervakis, P. A. (2012): Deutsche Hochschulen auf dem Weg zum individualisierten Angebot, in: HRK (Hg.): Projekt Nexus – Konzepte und gute Praxis für Studium und Lehre, Bonn, S. 82-85

▶ Prof. Dr. Florian T. Furtak hat an der HWR Berlin eine Professur für Europäisches Recht und Politikwissenschaft mit dem Schwerpunkt Europäische Integration. Er lehrt am Fachbereich Allgemeine Verwaltung und am Institut für Weiterbildung der HWR Berlin. Seit 2010 ist er Leiter des weiterbildenden Masterstudienganges Europäisches Verwaltungsmanagement.

Gute Hochschulausbildung erfordert gutes Personal. Welche Rekrutierungsmöglichkeiten stehen unseren Hochschulen zur Verfügung?

Josef Konrad Rogosch

Fachhochschule für Verwaltung und Dienstleistung Altenholz

1 Einleitung

Der Kampf um gute Köpfe für Dienstherren und Arbeitgeber, ob Öffentlicher Dienst oder privater Wirtschaft, wird zunehmen – dem demographischen Faktor kann keiner ausweichen. Dies gilt auch für die Hochschulen in der Bundesrepublik. Losgelöst von dem guten Ruf bzw. der Attraktivität einer Hochschule stehen die Fragen der Rekrutierung eng im Zusammenhang mit dem Statusangebot, das eine Hochschule Bewerberinnen und Bewerbern unterbreiten kann. In diesem Kontext wird versucht, das Angebot der Fachhochschulen bzw. Hochschulen für Angewandte Wissenschaften oder Universities of Applied Sciences näher zu betrachten, hier verstärkt auf die Hochschulen, die vornehmlich oder ausschließlich für den Öffentlichen Dienst ein duales Studium anbieten. Dabei dürfte auch der Hochschulabschluss, ob Diplom, Bachelor oder Master, den die Hochschule anbietet, ein durchaus wichtiger Faktor für die Attraktivität für potenzielle Bewerberinnen und Bewerber darstellen.

2 Allgemeines

Der Bund und 16 Länder bieten Studiengänge für den Öffentlichen Dienst an. Die Föderalismusreform von 2006 übertrug den Ländern in Art. 74 Abs. 1 Nr. 27 GG die Zuständigkeit für die Laufbahnen im Beamtenrecht. Zu den hergebracht eingeführten Begriffen einfacher, mittlerer, gehobener und höherer Dienst haben sich nun die Begriffe Laufbahngruppe 1, erstes/zweites Einstiegsamt und Laubahngruppe 2, erstes/zweites Einstiegsamt gesellt und werden im Bund und in den Ländern verwendet.

Dies aber nur als Auftakt. Hochschulrecht war und ist Ländersache und das Besoldungs-/Versorgungsrecht ist seit 2006 im Zuge der Föderalismusreform durch Art. 74 Abs. 1 Nr. 27 GG auch in die Länder abgewandert. Die Übertragung der Besoldung und der Versorgung an die Länder ist mit guten Gründen kritisiert[1] worden und führt dazu, dass nunmehr im Kern allein das Landesrecht die Rekrutierungsmöglichkeiten bestimmt. Denn Berufungsvoraussetzungen und finanzielle Anreize sind den Ländern zugeordnet. Erfreulicherweise hat das BVerfG am Valentinstag, 14.2.2012[2], der Dumpingsituation bei der W-Besoldung bei beamtetem Hochschulpersonal einen Riegel vorgeschoben. Nunmehr ist zu konstatieren, dass der Bund und alle Länder die W-Besoldung angehoben haben, jedoch in unterschiedlicher Höhe und in unterschiedlicher Art und Weise.

Soweit es sich um Statusverhältnisse im Angestelltenbereich handelt, ist das Tarifrecht anwendbar, hier der TV-L, der aber nach § 1 (3) „ferner nicht für a) Hochschullehrerinnen und Hochschullehrer" gilt. Hierbei handelt es sich um eine abschließende Aufzählung[3]. Die Praxis in einigen Hochschulen lehnt sich gleichwohl als Individualvereinbarung an den TV-L an.

Die Frage nach „gutem Personal" an den Hochschulen, das für eine gute Hochschulausbildung sorgen soll, knüpft an die Einstellungsvoraussetzungen, an ein entsprechendes Auswahlverfahren und auch an die Statusverhältnisse an.

---

[1] U.a. Knopp, L., NVwZ 2006, 1216; Degenhart, C., NVwZ 2006, 1209
[2] NVwZ 2012, 357 ff; u.a. Gawel, E., NVwZ 2013, 1054; Schwabe, J., NVwZ 2012, 610. Insbesondere Knoop, LKV 2007, 152, der schon seinerzeit eine Verlagerung des Ringens um das Gehalt von der Hochschule in den Gerichtssaal vorhersah.
[3] BeckOK TV-L/Gaumann § 1 Rn. 39, Stand 1.3.2015

Die nachfolgende Darstellung basiert nicht auf empirischen Untersuchungen, sondern auf dem Erfahrungswissen des Autors, durch Einblicke und Kenntnisse in unterschiedliche Hochschulen und Hochschulstrukturen.

2.1 Hochschulrechtlichen Einstellungsvoraussetzungen und Statusverhältnisse

In den Hochschulgesetzen sind die Einstellungsvoraussetzungen für Professorinnen und Professoren nahezu identisch.

Neben dem Hochschulstudium werden die pädagogische und die didaktische Eignung und die besondere Befähigung zu wissenschaftlicher Arbeit, die in der Regel durch die gute Qualität einer Promotion nachgewiesen wird, gefordert. Ergänzend und gerade für die Berufung an Fachhochschulen sollen (müssen) besondere Leistungen bei der Anwendung oder Entwicklung wissenschaftlicher Erkenntnisse und Methoden in einer mindestens fünfjährigen beruflichen Praxis vorliegen, von der mindestens drei Jahre außerhalb des Hochschulbereichs ausgeübt worden sein müssen[4].

An den Fachhochschulen der Verwaltung oder an gleichstehenden Bildungsstätten der Verwaltung werden zum Teil unterschiedliche Anforderungen gestellt, insbesondere wird (teilweise) auf das Vorliegen einer Promotion verzichtet.

An den Fachhochschulen der Steuerverwaltung oder an gleichstehenden Bildungsstätten im Bereich der Steuer werden zusätzliche steuerspezifische Anforderungen an Lehrende nach § 4 der Steuerbeamtenausbildungs- und -prüfungsordnung (StBAPO) gestellt.

---

[4] Der Überblick: § 47 LHG BW; Art. 7 BayHSchPG; § 100 BerlHG; § 41 BbgHG; § 116 BremBG; § 15 HmbHG; § 62 HHG; § 58 LHG M-V; § 25 NHG; § 36 HG; § 49 HochSchG; § 31 FhG; § 58 SächsHG; § 35 HSG LSA; § 61 HSG; § 77 ThürHG; auch § 131 BBG

Insoweit sind je nach Status und Verankerung im Landeshochschulrecht Unterschiedlichkeiten festzustellen, die nicht im Detail dargestellt werden können.

Die jeweiligen Berufungsordnungen der Hochschulen ähneln sich stark, so dass die <u>Berufungsverfahren</u> relativ parallel laufen. Nach Festlegung des Bedarfs und des Profils (Denomination) einer Stelle wird ein Berufungsausschuss mit stimmberechtigten und beratenden Mitgliedern gebildet. Die Mitglieder müssen unbefangen sein und unterliegen bei der Beratung und Abstimmung keiner Weisung. Die hauptamtlich Lehrenden haben die Stimmenmehrheit, wobei regelmäßig ein bestimmtes Quorum an Frauen dazugehört. Ergänzend sind in einigen Berufungsordnungen Dritte als gutachtlich beratende Hochschullehrende vorgesehen. Nach der Auswahl der in Frage kommenden Bewerbungen stellt eine Lehrprobe evtl. ergänzend eine Diskussion – beides auch evtl. in einer Fremdsprache – und ein Personalinterview das Fundament der Entscheidung dar. Die Entscheidung wird in einer Liste transparent dargestellt und das Berufungsverfahren mündet dann in den Ruf, durch die Hochschule oder durch andere Behörden bzw. Ministerien. Dieser grundsätzliche Gleichklang der Berufungsordnungen gibt jedoch keinen Aufschluss darüber, ob die Verfahrensvorschriften auch in der Praxis gelebt und umgesetzt werden.

Auch die <u>Statusverhältnisse</u> an den Hochschulen ähneln sich, da es allein die Möglichkeiten des Beamtenverhältnisses oder des Tarifverhältnisses in Öffentlichen Dienst gibt. Bei Beamtenverhältnissen werden die Hochschullehrenden als Professorinnen oder Professoren in der Regel zu Beamtinnen oder Beamten auf Lebenszeit oder auf Zeit (zwei, fünf oder sechs Jahre) ernannt. In einigen landesrechtlichen Regelungen ist der Zusatz in Bezug auf das Beamtenverhältnis auf Zeit normiert, dass eine erneute Ernennung oder Verlängerung über sechs Jahre hinaus erneut im Beamtenverhältnis auf Zeit nicht zulässig ist. Dies ist zwingend dem hergebrachten Grundsatz des Lebenszeitprinzips geschuldet. Gleichwohl bedarf die Begründung eines Beamtenverhältnisses auf Zeit einer verfassungsrechtlichen Legitimation[5], die noch nicht geliefert worden ist, denn unstreitig gehört die Lehrtätigkeit zu einer dauerhaften Wahrnehmung von Aufgaben der öffentlichen Verwaltung[6].

Die Einstellung als Tarifbediensteter ist als Option verfassungsrechtlich der Zweispurigkeit des Öffentlichen Dienstes geschuldet; diese Möglichkeit ist in einigen Hochschulgesetzen ausdrücklich vorgesehen[7] und wird für lebensältere Neuberufene praktiziert, da die Versorgung aus einem kurzzeitigen Beamtenverhältnis nicht amtsangemessen sein dürfte. Gleichwohl: Ein diesbezüglicher Verstoß gegen das AGG[8] (§ 10 S. 2 Nr. 4) könnte insoweit vorliegen, da die Unangemessenheits- und Erforderlichkeitsschwelle zwingend zu beachten ist.

Das BVerwG hat daher in der Entscheidung vom 19.2.2009 – unter Änderung der bisherigen Rechtsprechung – festgestellt, dass die Bestimmung einer Altersgrenze für die Übernahme in ein öffentliches Amt einer gesetzlichen Grundlage bedarf[9].

Der Leitsatz lautet wie folgt:

„1. Altersgrenzen für die Einstellung in eine Beamtenlaufbahn bedürfen einer gesetzlichen Grundlage. Altersgrenzen für die Einstellung und Übernahme in eine Beamtenlaufbahn werden nicht durch das Allgemeine Gleichbehandlungsgesetz ausgeschlossen.

2. Der von dem Gesetzgeber zu einer Regelung von Altersgrenzen ermächtigte Verordnungsgeber muss diese Regelung einschließlich der Ausnahme-

---

[5] Das BVerfG, Bs 28.05.2008, Rn 41 -juris- hat aufgrund des Vorlagebeschlusses des BVerwG 27. 9. 2007, BVerwGE 129, 272-296 = NVwZ 2008, 318 ff. deutliche Worte gefunden.

[6] Rogosch, NördÖR 2015, 245 ff; auch *Wahlers*, ZBR 2013, 230

[7] Beispielhaft: § 102 BerlHG; § 39 HG; § 61 HHG; § 132 BBG

[8] AGG: Allgemeines Gleichbehandlungsgesetz

[9] NVwZ 2009, 840; NRW; laufbahnrechtliche Altersgrenze von 35 Jahren für die Lehrämter der Sekundarstufe I und II

tatbestände selbst treffen; er darf die Ausnahmen nicht der Verwaltungspraxis überlassen."

Aktuell hat das BVerfG durch eine Kammerentscheidung am 6.10.2015 judiziert, dass eine laufbahnrechtliche Altersgrenze von 40 Jahren für die Lehrämter in Nordrhein-Westfalen gegen Art. 33 Abs. 2 GG verstößt[10]. Diese Kammerentscheidung fußt auf der Entscheidung des 2. Senates des BVerfG vom 21.4.2015[11], der erkannt hat, dass die in der Laufbahnverordnung des Landes Nordrhein-Westfalen festgelegten Höchstaltersgrenzen für die Einstellung in das Beamtenverhältnis auf Probe mit dem Grundgesetz nicht vereinbar seien, weil es an einer hinreichend bestimmten Ermächtigungsgrundlage fehle.

2.2 Attraktivitätsmerkmale

Das Thema Rekrutierungsmöglichkeiten ist eng verwoben mit der Frage nach der Attraktivität einer Hochschule. Die nachstehende Reihenfolge enthält keine Gewichtung, da die subjektive Bewerbungsentscheidung der Maßstab ist[12].

Das Renommee einer Hochschule ist sicherlich ein Maßstab. Das Renommee wird durch mehrere Parameter bestimmt. Neben der Größe einer Hochschule, dem Ranking im CHE-Spiegel, spielen die Lage (Stadt) und generell die Arbeitsbedingungen, u. a. die Forschungsaktivitäten oder Projekttätigkeiten eine Rolle. Gleichwohl sind die Ranking-Listen zunächst auf die Wahl unter dem Gesichtspunkt der Studierenden erstellt worden und nunmehr auch unter dem Aspekt der Exzellenz neu gewichtet. Die dritte Runde der Exzellenzinitiative ergab folgendes Bild für die Elite-Hochschulen: elf Universitä-

---

[10] *Beschluss* vom 06.10.2015 - Aktenzeichen 2 BvR 1195/11 in BeckRS 2016, 41348; die Veröffentlichung dieser Entscheidung ist noch nicht in der Breite erfolgt, wohl deshalb, weil am gleichen Tage die Anträge auf einstweilige Anordnung gegen Tarifeinheitsgesetz erfolglos geblieben sind und das Interesse der Publikationen auf sich zogen.

[11] NVwZ 2015, 1279

[12] Dabei wird ein gehöriges Maß an intrinsischer Motivation, an Lehrfreude und Forschungsinteresse meinerseits unterstellt.

ten dürfen sich seit 2012 so nennen, keine Fachhochschule. Für die Elite Universitäten werden zusätzlich Gelder zur Verfügung gestellt. Somit besteht eine Dichotomie zwischen „Elite" und „Nicht-Elite" Hochschule. Auch das mag ein Kriterium für die Bewerbung sein. Damit ist die finanzielle Ausstattung der Hochschule betroffen, welches sicher auch entsprechende individuelle Gestaltungsräume eröffnet.

Gleichwohl bleibt ein zentraler Punkt die Bezahlung für die Tätigkeit für Hochschullehrende. Die Besoldung hat sich, seit 2006 bedingt durch die Zuständigkeit der Länder bzw. des Bundes, deutlich unterschiedlich entwickelt[13]. Für die W-Besoldung wird auf den Anhang 1 verwiesen. Für die A-Besoldung auf den Anhang 2.

Die W-Besoldung ist recht heterogen umgesetzt worden[14]. Es existieren u.a. durchgängig Leistungsbezüge, Berufungs- und Bleibebezüge, besondere Leistungsbezüge, Funktionsleistungsbezüge. Gerade die Unterschiedlichkeit in der Höhe der W-Besoldung führt in der Praxis verstärkt zu Bewerbungen, um in Bleibeverhandlungen mit der eigenen Hochschule eine höhere Besoldung oder andere Vorteile auszuhandeln. Und umgekehrt sind Zulagen für die Annahme eines Rufes an eine neue Hochschule deutlich verändert worden. Die W-Besoldung hat diese Rahmenbedingungen eröffnet, die bei der vorangehenden C-Besoldung für Hochschullehrende so nicht vorhanden gewesen ist. Nach gut 10 Jahren Erfahrung mit der W-Besoldung dürfte kaum von einem Vorteil gesprochen werden. Und: Die Forschungszulagen sind nicht in allen Hochschulen als Anreiz hinterlegt. Gleichwohl stellt sich die Frage, in welchem Umfang es den Fachhochschulen möglich ist, Forschungsfreistellungen zu finanzieren.

Der Status von Hochschullehrenden, ob Zeit- oder Lebenszeitbeamtenverhältnisse dürfte nach wie vor ein wichtiger Aspekt sein. Als FH-Lehrender sind durch Promotion und notwendiger Berufspraxis etliche Jahre ins Land gegangen und in der Regel haben die Bewerbenden einen bestimmten Status

---

13 U.a. Knoop/Hagemeister, LKV 2013, 145
14 Siehe oben Fn. 2 u. 12

und ein entsprechendes Einkommen erarbeitet. Ein Wechsel im Bereich der Fachhochschulen wird sicher einfacher und wird sich sicher auch im Bewerbungsfeld niederschlagen, wenn ein Lebenszeitbeamtenverhältnis ausgeschrieben wird. Dies sind die Erfahrungen des Autors als Vorsitzender oder als Mitglied mehrerer Berufungsausschüsse an verschiedenen Hochschulen in verschiedenen Bundesländern.

Zugleich soll bundesweit ein größerer Anteil von befristeten Professuren geschaffen werden, deren Inhaber aber nach positiver Evaluation regelhaft auf eine entfristete Professur gelangen sollen (tenure track)[15] – Empfehlung des Wissenschaftsrates vom Juli 2014. Dies zielt sicher mehr auf die Universitäten als auf die Fachhochschulen, da die Rahmenbedingungen unterschiedlich sind.

Eine weitere durchaus wichtige Arbeitsbedingung ist die Frage nach der familienfreundlichen Hochschule, die dadurch gekennzeichnet ist, dass einerseits die Einsatzplanung im Semester mit den Ferienzeiten des jeweiligen Bundeslandes in hohem Maße übereinstimmt, was durchaus zu Problemen führen kann ob der Unterschiedlichkeit von Schulferienzeiten und vorlesungsfreien Zeiten in der Hochschule. Hier dürfte ein Zertifikat sicher hilfreich sein. Andererseits ist die Möglichkeit einer Mitbeschäftigung von Partnerinnen/Partnern und evtl. Kinderbetreuung ein nicht unwichtiger Aspekt, der aber sicher nur im Einzelfall umgesetzt werden dürfte.

Die Ausstattung der Hochschule spielt durchaus eine Rolle. Angefangen bei der Frage der Dienstzimmer – Einzelzimmer oder Zweierzimmer. Weiter durchaus die Frage der Mittel, die zur Verfügung stehen, für Medien, für die Ausstattung der Zimmer, für die Möglichkeit evtl. Hilfskräfte zur Verfügung zu haben.

Weitere Kriterien: Das Zeitfenster der Ausschreibung einer Stelle ist bisweilen nicht steuerbar, so wenn sich ein nicht planbarer Personalbedarf ergibt.

---

[15] http://www.zeit.de/2015/27/professor-probe-tenure-track

Die Publikation einer Stelle in der Sommerzeit könnte bisweilen zu einer nicht vollständigen Ausschöpfung des Personalmarktes führen.

3 Folgerungen für die Rekrutierung

Die Folgerungen für die Rekrutierung sind auch verbunden mit Rahmenbedingungen der Bindung des Personals, da eine Personalgewinnung auf Dauer angelegt sein sollte.

Für die Rekrutierung des Hochschulpersonals ist ein offenes und transparentes Berufungsverfahren eine zentrale Voraussetzung. Und jede Hochschule sollte bestrebt sein, dauerhafte Beschäftigungsverhältnisse anbieten zu können, vorzugsweise das Beamtenverhältnis auf Lebenszeit. Zugleich sind Gestaltungsmöglichkeiten zu eröffnen, etwa Forschungsfreistellungen, Freistellungen für die (didaktische) Fortbildung und auch die einfache Gestaltung und Abwicklung von Dienstreisen sollte kein Ärgernis sein. Personalentwicklungskonzepte für Hochschullehrende gehören zum guten Portfolio einer Hochschule; gemeint ist die Steigerung der Kompetenzen, die typischerweise nicht mit der Steigerung des Gehaltes einhergeht. Die Familienfreundlichkeit ist ein weiteres Kriterium für die Rekrutierung und die Bindung des Personals. Z.B. können sich Planungen des Semesters durchaus an den Schulferien des jeweiligen Landes orientieren; evtl. ist eine Beschäftigung der Partnerin/des Partners an derselben Hochschule möglich.

Dass das HZG NRW[1617] durch die Regelung in § 34 a (Rahmenkodex für gute Beschäftigungsbedingungen) und die entsprechende Vereinbarung über einen Rahmenkodex für „Gute Beschäftigungsbedingungen für das

---

[16] HZG NRW: Hochschulzukunftsgesetz
[17] HZG NRW vom 16.9.2014,GV. NRW. S. 547; zur ersten Hochschule in NRW, die die Rahmenbedingungen vereinbart hat:
      http://www.wissenschaft.nrw.de/presse/pressemeldungen/details/westfaelische-hochschule-unterzeichnet-als-erste-hochschule-den-rahmenkodex-fuer-gute-beschaeftigung/

Hochschulpersonal" ein Meilenstein ist, ist nicht zu bestreiten. Dass der gute Ansatz tatsächlich gelebt und umgesetzt wird und zu einer neuen Kultur führt bleibt zu hoffen.

4 Bilanz

Für Hochschullehrende ist die Geisteshaltung von zentraler Bedeutung. Die intrinsische Motivation bedarf der Unterstützung durch die Organisation in der Hochschule. Jedoch: In Zeiten leerer Kassen und der Einführung von Globalhaushalten und Zielvereinbarungen wird der Spielraum für die Hochschulleitungen immer enger.

Aber für die Lehrenden gilt: „Man muss es schon wollen".

Quellenverzeichnis

BeckOK TV-L/Gaumann, § 1 Rn. 39, Stand 1.3.2015

Degenhart, C., Die Neuordnung der Gesetzgebungskompetenzen durch die Föderalismusreform, NVwZ 2006, 1209

Gawel, E., Neuregelung der W-Besoldung des Bundes, NVwZ 2013, 1054

Geis, M.E., Festschrift für Walther Fürst - Öffentliches Dienstrecht im Wandel -, 2002, 121

Gronemeyer, S., Die verfassungsrechtliche Zulässigkeit landesrechtlicher Befristungsregelungen für angestellte Hochschulprofessoren, Recht der Arbeit, 2016, 24 ff.

Knopp, L., Föderalismusreform - zurück zur Kleinstaaterei? An den Beispielen des Hochschul-, Bildungs- und Beamtenrechts, NVwZ 2006, 1216

Knopp, L.: Die Anpassung „alter" Berufungszusagen nach brandenburgischem Hochschulrecht, LKV 2007, 152

Knoop, L./Hagemeister, B., Aktuelle Befunde zu den Auswirkungen der Föderalismusreform I auf Landesbeamte, LKV 2013, 145

Rogosch, J. K., Die Beamtenverhältnisse auf Zeit im Hochschulbereich, insbesondere in Schleswig-Holstein, NordÖR 2015, 245 ff.

Schwabe, J., Das verfassungswidrige Professorengehalt, NVwZ 2012, 610

Wahlers, W. Der Professor als Beamter auf Lebenszeit, ZBR 2013, 230

▸ Prof. Dr. Josef Konrad Rogosch ist Jahrgang 1955. Präsident der Fachhochschule für Verwaltung und Dienstleistung in Schleswig-Holstein (FHVD) und Leiter des Ausbildungszentrums für Verwaltung. 1980 Erstes und 1983 Zweites Juristisches Staatsexamen. Promotion 1985. 1983 bis 1987 Rechtanwalt in Hamburg. Daneben 1985 Juristischer Mitarbeiter bei der Bürgerschaftskanzlei und 1986 bis 1987 Wissenschaftlicher Angestellter bei der Gesundheitsbehörde Hamburg. 1987 bis 1995 Richter am AG Hamburg. 1994 Berufung zum Professor im Fachbereich Polizei der Fachhochschule für öffentliche Verwaltung Hamburg (FHöV). 1996 bis 2004 Professor im Fachbereich Allgemeine Verwaltung der FHöV und 2005 bis 2012 Leiter des Department Public Management der Hochschule für Angewandte Wissenschaften Hamburg (HAW). Von 2008 bis März 2012 Beamtenbeisitzer des höheren Dienstes im Fachsenat für Disziplinarsachen am OVG Hamburg. Seit April 2012 in derzeitiger Funktion.

Thesen des 27. Glienicker Gesprächs 2016

Die folgenden Thesen wurden in den angebotenen drei Workshops der Veranstaltung erarbeitet und am Samstag im Plenum vorgestellt, diskutiert und endgültig in der hier dargestellten Weise formuliert. Der Workshop 1wurde aufgrund der zahlreichen Teilnehmenden nach einer gemeinsamen Startphase in 4 Arbeitsgruppen aufgeteilt, die ihre Ergebnisse dann am Ende des Workshops zusammenführten.

Workshop 1

Attraktive Lehrinhalte und Außendarstellung?

Moderation: Prof. Dr. Dagmar Lück-Schneider (HWR Berlin)

*Arbeitsgruppe 1: **Pflicht und Kür / Neue Lehrformen – Projektstudium***

These 1: Um die Attraktivität des Studiums aus Sicht der Studienbewerber und -bewerberinnen zu erhöhen, sollten

- Zeit und Raum für Projektstudium gegeben werden, in dem möglichst interdisziplinär aktuelle Beispiele/Probleme erarbeitet/beleuchtet werden,

- Wahlmöglichkeiten für Studierende bestehen/erweitert werden sowie

- vermehrt E-Learning-Angebote zum Selbststudium entwickelt werden (-hierdurch sollen insbesondere die Eigeninitiative der Studierenden und eine flexible Lernkontrolle ermöglicht werden).

Dafür müssen die erforderlichen Ressourcen zur Verfügung gestellt werden.

Arbeitsgruppe 2: **Bildungsauftrag**

These 1: Verwaltungsfachhochschulen haben einen hochschulischen Bildungsauftrag! Sie müssen Hochschulabsolventen und -absolventinnen hervorbringen. Für interne Fachhochschulen gilt dies in gleichem Maße.

These 2: Dies muss didaktisch, methodisch und ressourcenseitig dargestellt werden.

These 3: Der Bildungsauftrag muss im Dialog von Abnehmerseite und Hochschule formuliert werden.

Arbeitsgruppe 3: **Welche Disziplinen?**

These 1: Die Gestaltung von Curricula (Disziplinen, Kompetenzen) sollte empirisch fundiert sein.

These 2: Ein gemeinsames Forschungsprojekt von Hochschule und Arbeitgebern im öffentlichen Sektor sowie weiterer Stakeholdern (Absolventen und Absolventinnen, Studierende etc.) zur qualitativen Erhebung von Aufgabenfeldern und spezifischen Anforderungsprofilen könnte hierfür ein geeigneter Ansatz sein.

These 3: Aus so gewonnenen Daten kann die Verteilung der Disziplinen zielgeleitet bestimmt werden.

These 4: Das Laufbahnrecht muss an die ermittelten Anforderungen ggf. angepasst werden.

Arbeitsgruppe 4: **Wahlfreiheit**

Für die auf der nächsten Seite folgenden Thesen gelten als Vorüberlegungen: Die Rahmenbedingungen an internen und externalisierten Hochschulen sind unterschiedlich. Es wird zwischen zwei Ausprägungen von Wahlfreiheit sowie Zusatzangeboten unterschieden:

Wahlfreiheit im weiten Sinne umfasst die Selbstbestimmung

- des Studiengangs,
- der Studieninhalte,
- der Anwesenheit,
- der Form des Lernens (von zu Hause, in der Lehrveranstaltung, …),
- der Lehrform (Prüfungsform, Inhalte, …) in Absprache mit dem oder der Lehrenden in Form eines „teaching contract",
- der Praktika,
- von Auslandsaufenthalten.

Wahlfreiheit im engeren Sinne sind Wahlangebote: Studiengänge lassen vorgesehene Schwerpunktsetzungen zu.

Zusatzangebote zählen nicht zur ECTS-Erreichung, können aber als Attraktivitätsaspekt wirken, z. B. Sportangebote, Fremdsprachenangebote, EDV-Kurse …

These 1: Studium ohne Wahlfreiheit ist kein Studium sondern „nur" Schule.

These 2: Wahlfreiheit sollte daher ein Element des Studiums sein und fördert Eigeninitiative und Selbständigkeit.

These 3: Wahlfreiheit fördert Entscheidungskompetenz.

These 4: Wahlfreiheit zwingt zur Klärung der eigenen Ziele, zur Selbstreflexion sowie zu Gedanken zur Umsetzung der Ziele

These 5: Wahlfreiheit führt zu einer generelleren und akademischeren Ausbildung und kann Interdisziplinarität fördern. Es unterstützt freieres Denken.

These 6: Wahlfreiheit ist Wertschätzung, führt zur Identifikation mit dem Beruf und letztlich zum Stolz auf den Beruf/die Ausrichtung der Ausbildung

These 7: Wahlfreiheit in Gestalt der Wahl der Vorlesung ist Evaluation und Ansporn für den Lehrenden.

Workshop 2

Verwaltungspraxis – Attraktive Aufgabenfelder und Karrierewege

Moderation: Dr. Dieter Laux, Präsidialbüro der Polizeiakademie Hessen

These 1: Studierende sind dafür verantwortlich, sich der Fokussierung ihres Studiums für die Praxis bewusst zu sein und danach zu handeln. Die Lehrenden stehen ihnen beratend und begleitend zur Seite. Die Einbindung der Studierenden in das Verfahren der Erstverwendung ist sinnvoll.

These 2: Eine praxisorientierte Ausbildung bedingt, sich als Lehrende von Stereotypen zu lösen und neue Wege zu gehen.

These 3: Die wissenschaftliche Weiterbildung ist ein neuer Weg, den Hochschulen konsequent beschreiten sollten. Dies sollte mit einer Veränderung des Laufbahnrechts einhergehen.

Workshop 3

Hochschullaufbahnen – Wie kann der eigene Nachwuchs sichergestellt werden?

Moderation: Prof. Dr. Florian Furtak (HWR Berlin)

Vorbemerkung

Eine erfolgreiche Professur an einer HS für angewandte Wissenschaft umfasst drei Kernanforderungen

- reflektierte Praxiserfahrungen,
- pädagogische Eignung,
- wissenschaftliche Qualifikation.

These 1: Bei nicht vollständig erfüllten Voraussetzungen soll eine nachgelagerte Qualifizierung möglich sein.

Geeignete Absolventinnen und Absolventen der Hochschulen können über systematische Maßnahmen der Qualifikation in allen drei Bereichen in ihrer akademischen Entwicklung unterstützt werden, um die Bindung an die Hochschule zu stärken.

Nähere Erläuterungen: So können Praxiserfahrungen durch Abordnung in die Praxis als Auftrag für die Erlangung relevanter Praxiskenntnisse erzielt werden, die pädagogische Eignung kann durch Qualifizierungsmaßnahmen u.a. im Rahmen didaktischer Schulungen erworben werden und die Wissenschaftliche Qualifikation kann über Auflagen zur Qualifizierung im Rahmen des Auswahlverfahrens gefordert werden. So wäre in letzterem Falle beispielsweise eine Anstellung ohne Professorenstatus mit Auflage der Promotion denkbar. Diese Option ist zurzeit in einzelnen Bundesländern nicht praktizierbar. Hier sollten gesetzliche Voraussetzungen in den Landeshochschulgesetzen geschaffen werden.

Themen der bisherigen Glienicker Gespräche

1. Ausländer und Verwaltung als Thema im Rahmen des Studiums an den Verwaltungsfachhochschulen, 1987

2. Verwaltungsfachhochschulen und Dritte Welt – Beiträge der Fachhochschulen für öffentliche Verwaltung zur Entwicklungspolitik und Verwaltungsförderung, 1988

3. Informationstechnik an Verwaltungsfachhochschulen in Lehre und Forschung, 1989

4. Verwaltungsausbildung im sich einigenden Deutschland, 1990

5. Fachhochschulen für den öffentlichen Dienst in den neuen Bundesländern, 1991

6. Zukunftsaspekte der Verwaltungsausbildung, 1992
   Die Reden und Materialien sind enthalten in *D. Bischoff & C. Reichard (Hrsg.), Vom Beamten zum Manager? Berlin, Hitit 1994*

7. Internationalisierung in Ausbildung und anwendungsbezogener Forschung der FHöD, 1993
   P. Heinrich & A. Strohbusch (Hrsg.), Internationalisierung in Ausbildung und anwendungsbezogener Forschung an Fachhochschulen für den öffentlichen Dienst (Beiträge aus dem FB 1 H. 35), Berlin, FHVR 1994

8.   Auf dem Weg zu einem einheitlichen Fachhochschulsystem?, 1995
D. Bischoff & R. Leppek (Hrsg.), Auf dem Weg zu einem einheitlichen Fach-
hochschulsystem (Beiträge der Hochschule Nr. 1), Berlin, FHVR 1995

9.   Der Beitrag der Fachhochschulen für den öffentlichen Dienst zur Verwaltungsreform durch Ausbildung, anwendungsbezogene Forschung
und Weiterbildung, 1996
D. Bischoff & W. Teubner (Hrsg.), Der Beitrag der Fachhochschulen für den
öffentlichen Dienst zur Verwaltungsreform durch Ausbildung, anwendungs-
bezogene Forschung und Weiterbildung (Beiträge der Hochschule Nr. 2), Ber-
lin, FHVR 1996 – vergriffen

10.   Die Fachhochschulen für den öffentlichen Dienst nach den Empfehlungen des Wissenschaftsrates, 1997
W. Teubner & H.-P. von Stoephasius (Hrsg.), Die Fachhochschulen für den
öffentlichen Dienst nach den Empfehlungen des Wissenschaftsrates (Beiträge
der Hochschule Nr. 6), Berlin, FHVR 1997

11.   Marketing und Sponsoring am Fachhochschulen für den öffentlichen
Dienst, 1998

12.   Modernisierung durch Ausbildung – Innovationsdruck und Innovatio-
nen in Studiengängen für den öffentlichen Sektor
P. Heinrich (Hrsg.), Modernisierung durch Ausbildung – Innovationsdruck
und Innovationen in Studiengängen für den öffentlichen Sektor (Beiträge der
Hochschule Nr. 16), Berlin, FHVR 2000
D. Bischoff (Hrsg.), Modernisierung durch Ausbildung – Innovationen in
Studiengängen für den öffentlichen Sektor, Reihe Verwaltung, Recht und Ge-
sellschaft, Band 11, Hitit Verlag, Berlin 2000

13. Leistungsorientierung in der Verwaltungsausbildung
P. Heinrich (Hrsg.), Leistungsorientierung in der Verwaltungsausbildung (Beiträge der Hochschule Nr. 19), Berlin, FHVR 2001

14. Der Beruf, die Praxis und das Studium – Entwicklungen, Wechselwirkungen, Modelle
P. Heinrich (Hrsg.), Der Beruf, die Praxis und das Studium – Entwicklungen, Wechselwirkungen, Modelle (Beiträge der Hochschule Nr. 20), Berlin, FHVR 2002

15. Der Bologna-Prozess – Chancen und / oder Risiko für die Fachhochschulen für den öffentlichen Dienst
P. Heinrich (Hrsg.), Der Bologna-Prozess – Chancen und/oder Risiko für die Fachhochschulen für den öffentlichen Dienst (Beiträge der Hochschule Nr. 24), Berlin, FHVR 2004

16. Bachelorisierung und Masterangebote – Perspektiven der Umsetzung des Bologna-Prozesses
P. Heinrich und D. Kirstein (Hrsg.), Bachelorisierung und Masterangebote – Perspektiven der Umsetzung des Bologna-Prozesses (Beiträge der Hochschule Nr. 25), Berlin, FHVR 2005

17. Ökonomisierung des Hochschulwesens
P. Heinrich und D. Kirstein (Hrsg.), Ökonomisierung des Hochschulwesens (Beiträge der Hochschule Nr. 27), Berlin, FHVR 2006

18. Hochschulen in vernetzter Verantwortung – Die Rolle der FHöD
H. P. Prümm und D. Kirstein (Hrsg.), Hochschulen in vernetzter Verantwortung – die Rolle der FHöD (Beiträge der Hochschule Nr. 28), Berlin, FHVR 2007

19. Begeisterung für die Verwaltung – ein Widerspruch in sich?
    H. P. Prümm und D. Kirstein (Hrsg.), Begeisterung für die Verwaltung – ein Widerspruch in sich? (Beiträge der Hochschule Nr. 29), Berlin, FHVR 2008

20. Braucht die öffentliche Verwaltung eine eigene Ausbildung?
    H. P. Prümm und D. Kirstein (Hrsg.), Braucht die öffentliche Verwaltung eine eigene Ausbildung? (Beiträge des Fachbereich 3 – Nr. 01), Berlin, HWR 2009

21. Privatisierung der akademischen Ausbildung für die öffentliche Verwaltung
    H. P. Prümm und D. Kirstein (Hrsg.), Privatisierung der akademischen Ausbildung für die öffentliche Verwaltung (Beiträge aus dem Fachbereich Allgemeine Verwaltung – Nr. 05/2010), Berlin, HWR 2010

22. Aus- und Weiterbildung in einer Hand – Spezifische Fachdidaktiken und Weiterbildungstools an den FHöD
    H. P. Prümm und D. Kirstein (Hrsg.), Aus- und Weiterbildung in einer Hand – Spezifische Fachdidaktiken und Weiterbildungstools an den FHöD (Beiträge aus dem Fachbereich Allgemeine Verwaltung – Nr. 10/2011), Berlin, HWR 2011

23. Gute Lehre und Forschung trotz schwieriger Rahmenbedingungen. Neue Strategien und Instrumente
    D. Lück-Schneider und D. Kirstein (Hrsg.), Gute Lehre und Forschung trotz schwieriger Rahmenbedingungen. Neue Strategien und Instrumente (Beiträge aus dem Fachbereich Allgemeine Verwaltung – Nr. 14/2012), Berlin, HWR 2012

24. Verwaltungsethik - Selbstverständnis und Themenfelder in Lehre, Forschung und Praxis an den FHöD

D. Lück-Schneider und D. Kirstein (Hrsg.), Verwaltungsethik – Selbstverständnis und Themenfelder in Lehre, Forschung und Praxis an den FHöD (Beiträge aus dem Fachbereich Allgemeine Verwaltung – Nr. 17/2013), Berlin, HWR 2013

25. 25 Jahre Glienicker Gespräche. Rückblick und Ausblick.
    D. Lück-Schneider, D. Kirstein (beide Hrsg.), 25 Jahre Glienicker Gespräche. Rückblick und Ausblick (Beiträge aus dem Fachbereich Allgemeine Verwaltung Nr. 22/2014). HWR Berlin. 2014
    D. Lück-Schneider, E. Kraatz (beide Hrsg.), Kompetenzen für ein zeitgemäßes Public Management. Herausforderungen für Forschung und Lehre aus interdisziplinärer Sicht. Zum 25. Jubiläum der Glienicker Gespräche (HWR Berlin Forschung 56/57). Berlin: edition sigma. 2014

26. Gesundheitsmanagement in der Öffentlichen Verwaltung. Berührungspunkte zu unseren Lehrgebieten, Wünschenswertes für die Praxis und unsere Hochschulen.
    D. Lück-Schneider, D. Kirstein (beide Hrsg.), Gesundheitsmanagement in der Öffentlichen Verwaltung. Berührungspunkte zu unseren Lehrgebieten, Wünschenswertes für die Praxis und unsere Hochschulen. (Beiträge aus dem Fachbereich Allgemeine Verwaltung Nr. 5/2015). HWR Berlin. 2015

MIX

Papier | Fördert
gute Waldnutzung

FSC® C083411

Zeitfracht Medien GmbH
Ferdinand-Jühlke-Straße 7
99095 Erfurt, Deutschland
produktsicherheit@kolibri360.de